도올만화논어 3

도올만화논어 3
이인, 공야장, 옹야

공자 원작 | 도올 역주 | 보현 만화

통나무

도올만화논어 3

차례

7
이인제사(里仁第四)

63
공야장제오(公冶長第五)

149
옹야제육(雍也第六)

225
상세 목차

이인제사(里仁第四)

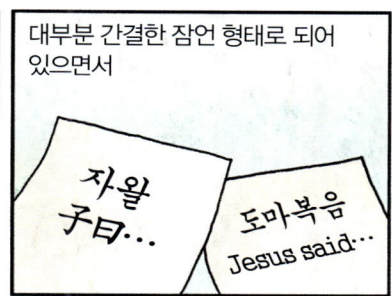

4-1

子曰: "里仁爲美, 擇不處仁,
자왈　　이인위미　　택불처인
焉得知?"
언득지

공자께서 말씀하셨다.

"마을에서 인하게 사는 것이 아름답다.
택하여 인(仁)에 처하지 않는다면,
어찌 지혜롭다 할 수 있겠는가?"

1장부터 7장까지 인(仁)이 빠지지 않고 등장하는 것만 봐도 [이인]편은 공자의 목소리가 그대로 담겨 있는 것 같습니다.

자신의 체험과 고뇌에서 우러나온 고백을 하고 있는 듯한 공자의 모습도 보이죠.

그러나 전체적으로 문장이 짧은데다 전후 맥락을 알 수 없기 때문에 정확한 해석은 어려운 편입니다.

이인위미
里仁爲美

마을에서 인하게
사는 것이 아름답다.

里 : 마을, 살다
仁 : 인하게, 어질다

리(里)는 보통 '마을'의 뜻으로,

약 25채의 집 ー 〈주례〉
50~100채의 집 ー 〈관자〉[탁지]

고주는 '이인(里仁)'을 함께 묶어 해석했죠.

동리(洞里)라는 것은 백성이 거처하는 곳이다. **인한 사람의 동리에 거처하는 것**, 그것을 좋게 여기는 것이다.
ー 정현(鄭玄)

인한 마을

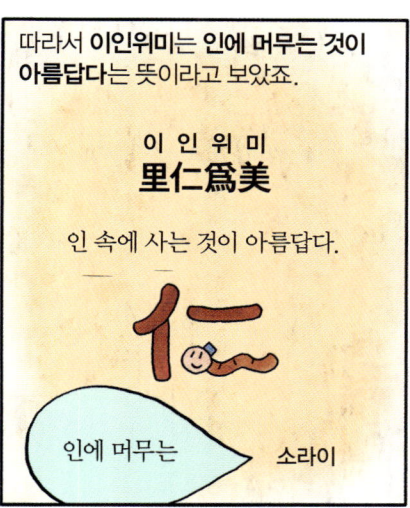
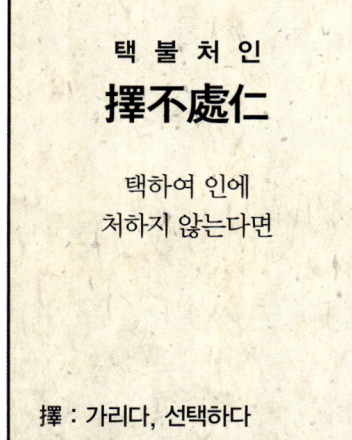

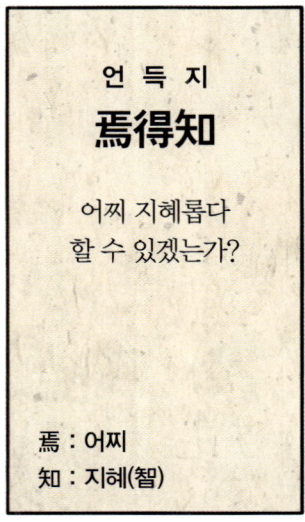

4-2 子曰: "不仁者不可以久處約, 不可以長處樂.
자왈   불인자불가이구처약   불가이장처락

공자께서 말씀하셨다.

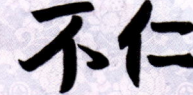

"인하지 못한 자는 오랫동안 곤경에 처하지 못하며,
또 오랫동안 즐거움에도 처하지 못한다.

仁者安仁, 知者利仁."
인자안인   지자리인

인자(仁者)는 인에서 편안할 줄 안다.
지자(知者)는 인에서 이로움을 취한다."

인간이 오랫동안 곤궁한 상황에 처한다는 것은 결코 쉬운 일이 아닙니다.

곤궁한 상황을 참고 버티기 위해서는 극기의 노력이 필요하죠.

평범한 사람은 곤궁한 상황에서 쉽게 좌절하고 맙니다.

이인제사(里仁第四)

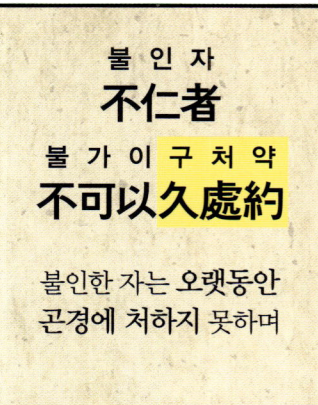

不仁者
不可以久處約

불인한 자는 오랫동안 곤경에 처하지 못하며

久 : 오래
約 : 곤궁하다, 빈궁하다

不可以長處樂

오랫동안 즐거움에 처하지 못한다.

長 : 오래
樂 : 즐거움

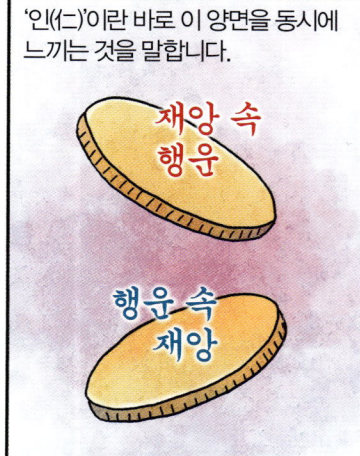

슈퍼맨, 〈슈퍼맨〉

— 주자

[양화] 15에 다음과 같은 말이 있는데,

부귀를 얻기 전에는 얻을 것을 걱정하고, 이미 얻고 나서는 잃을 것을 걱정하나니, **만약 잃을 것을 걱정한다면** 못하는 짓이 없게 된다.

[모란도](부분), 가회박물관

어리석은 인간에 대한 공자의 탄식이죠.

참으로 놀라운 성인의 말씀입니다.

무소유의 지혜가 불가나 도가에만 있는 게 아니죠.

인 자 안 인
仁者安仁
인자는 인에서 편안할 줄 알고

지 자 리 인
知者利仁
지자는 인에서 이로움을 취한다.

安 : 편안하다
利 : 이로움, 이익, 탐하다

인자와 지자를 정확하게 구분하기는 어렵지만

지자요수 知者樂水 — 지자는 물을 좋아하고~

인자요산 仁者樂山 — 인자는 산을 좋아한다.

인자가 지자보다 더 높은 삶의 목표를 보여주는 것은 확실합니다.

인간다운 감수성의 문제!

仁 인자 / 知 지자

인자와 **지자**의 가장 큰 차이는

조건 없는 도덕의식

안인(安仁) : 인에서 편안함을 느낌

그냥 편해~

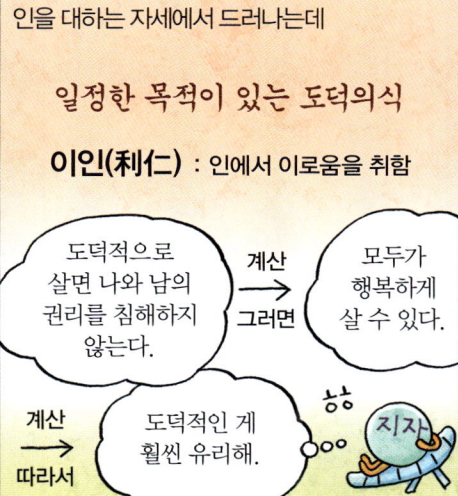

인을 대하는 자세에서 드러나는데

일정한 목적이 있는 도덕의식

이인(利仁) : 인에서 이로움을 취함

도덕적으로 살면 나와 남의 권리를 침해하지 않는다. → 계산 그러면 → 모두가 행복하게 살 수 있다.

계산 따라서 → 도덕적인 게 훨씬 유리해.

인의 도덕의식은 절대적인 것입니다.

나의 양심의 소리에 마땅히 따르는 것이죠.

良心

이인제사(里仁第四)

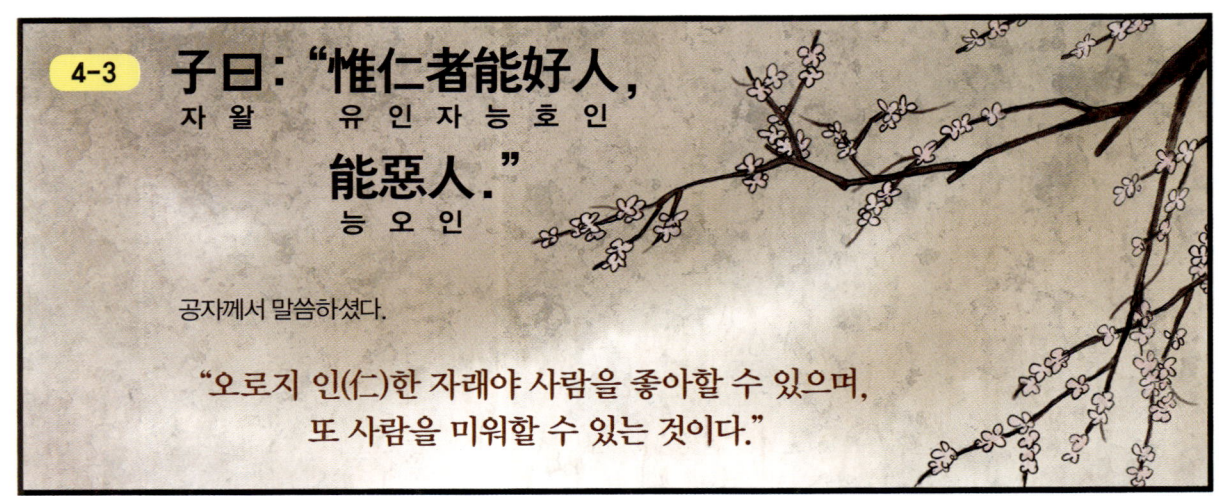

[매화도](부분), 유숙필

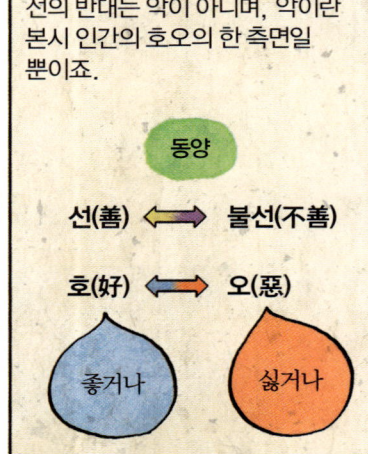

4-4 子曰：“苟志於仁矣, 無惡也.”
자왈 구지어인의 무오야

공자께서 말씀하셨다.

"진실로 인함에 뜻을 둔다면,
사람들이 싫어하는 행동은 하지 않게 될 것이다."

보통 '악'으로 읽는 '惡'을 여기서도 '오'로 읽었는데 그 이유는 마찬가지로

惡 : 미워할 오

고대 중국에는 서양과 같은 악의 개념이 없었기 때문입니다.

Evil 악마

악마?

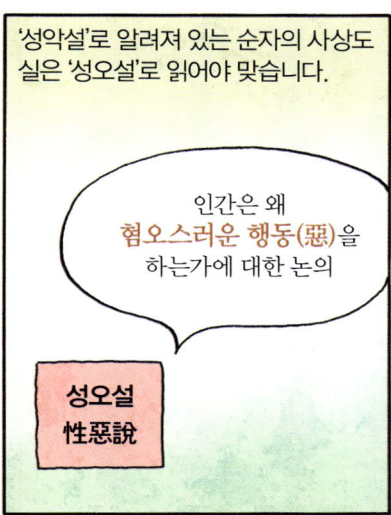

'성악설'로 알려져 있는 순자의 사상도 실은 '성오설'로 읽어야 맞습니다.

인간은 왜 혐오스러운 행동(惡)을 하는가에 대한 논의

성오설 性惡說

따라서 이 장은 **인에 뜻을 두기만 하면 모든 악이 소멸된다**가 아니라

으랏차차
켁!

스파이더맨, 〈스파이더맨〉

내가 차마 어쩔 수 없는 인간적 원리에 따라 살려고 마음먹는다면,

구 지 어 인 의
苟志於仁矣

인간적 도덕적 감성

남들이 싫어하는 행위를 하지 않게 될 것이라는 뜻으로 봐야 합니다.

무 오 야
無惡也

그러면 자연히 남에게 미움 받는 일도 없어지겠죠.

이인제사(里仁第四)

4-5 子曰: "富與貴, 是人之所欲也; 不以其道得之, 不處也.
자왈   부여귀   시인지소욕야   불이기도득지   불처야

공자께서 말씀하셨다.

"부귀는 사람들이 다 원하는 것이다.
그러나 정당한 방법으로 얻은 것이 아니라면
그것에 처하지 않는다.

貧與賤, 是人之所惡也; 不以其道得之, 不去也.
빈여천   시인지소오야   불이기도득지   불거야

빈천은 누구나 다 싫어하는 것이다.
그러나 그것이 비록 정당한 방법으로 얻은 것이 아니라 할지라도,
부당한 방법으로 벗어나려고 노력하지는 않는다.

君子去仁, 惡乎成名, 君子無終食之間違仁,
군자거인   오호성명   군자무종식지간위인

造次必於是, 顚沛必於是."
조차필어시   전패필어시

군자가 인함에서 떠나 있다면 어찌 명예로운 이름을 이룰 수 있겠는가?
군자는 한 끼니를 마칠 동안에도 인을 어기는 법이 없다.
황급한 때에도 반드시 인과 더불어 하며, 실족할 때에도
반드시 인과 더불어 할 뿐이다."

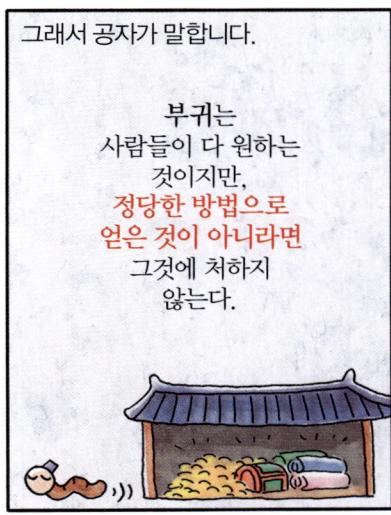

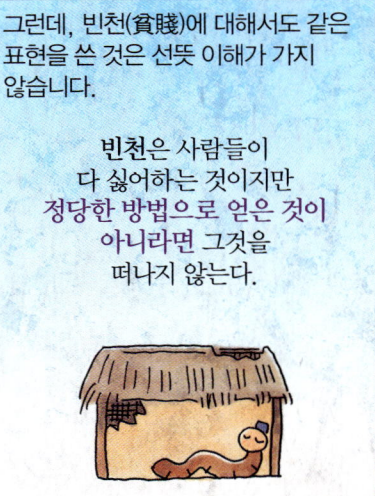

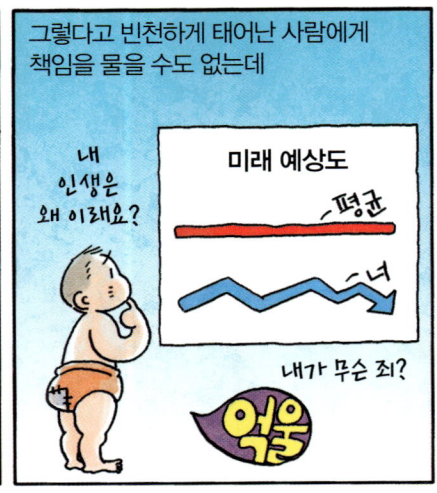

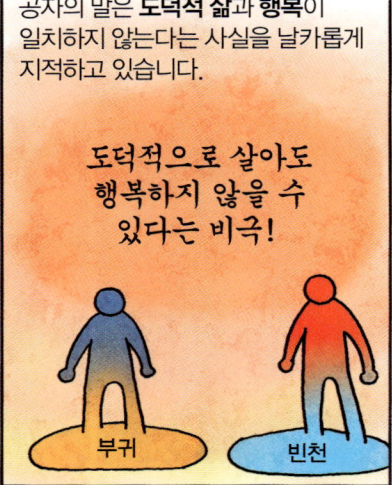
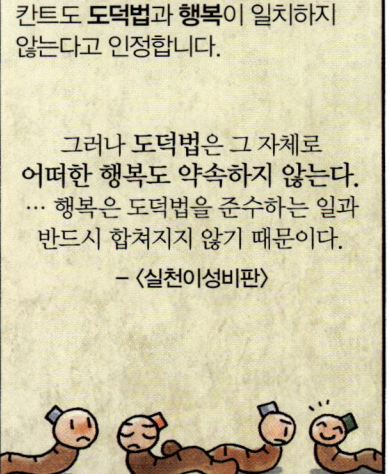

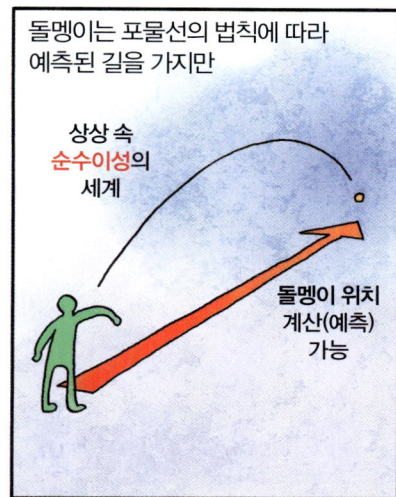

인간의 본성이 가지고 있는 그 가능성이 바로 **인**이죠.

인간의 심미적 감성에서 우러나오는 어떤 도덕적 경향성

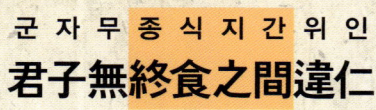

군자무종식지간위인
君子無終食之間違仁

군자는 한 끼니를 마칠 시간 동안에도 인을 어기는 법이 없다.

違 : 어기다

조차 필어시
造次必於是

황급한 때에도 반드시 인과 더불어 하며

전패 필어시
顚沛必於是

실족할 때에도 반드시 인과 더불어 할 뿐이다.

造 : 갑자기　次 : 나아가지 못함
顚 : 넘어지다　沛 : 늪, 쓰러지다

조차(造次)란 무언가 예기치 못했던 일이 황당하게 벌어지는 상황을 말하고

순서가 뒤죽박죽, 황급하여 어쩔 줄 모르는 짧은 순간

전패(顚沛)는 몸이 굳어 넘어진다는 뜻으로

갑작스런 좌절 속에 낭패하여 쓰러져 표류하는 절망적인 상황

둘 다 인생의 시련기나 위기상황을 의미하죠.

한계상황

시(詩)에 '코뿔소도 아니고 호랑이도 아닌 것이 광야를 헤매고 있구나' 했으니, 나의 도(道)에 잘못이 있단 말인가? 내가 무엇 때문에 이 지경에 이르게 되었는가?
— [공자세가]

이렇게 짧은 순간에도 군자는 **인**에서 어긋나는 법이 없어야 하며

종식지간(終食之間)
: 한 끼의 식사를 끝낼 그 짧은 시간 동안에도

조차·전패의 위급한 상황에서도 인간은 반드시 **인** 속에 살아야 하는 겁니다.

필어시(必於是)
: 인에서 어긋나지 않는다

공자와 안회는 수많은 역경을 함께 나누었던 사이죠.

이 장은 아마도 안회가 자신의 심정을 담아 기록한 것이 아닐까 생각해봅니다.

4-6 子曰: "我未見好仁者, 惡不仁者.
자왈　　아 미 견 호 인 자　　오 불 인 자

공자께서 말씀하셨다.

"나는 아직도 인을 좋아하는 자와
불인을 미워하는 자를 보지 못하였다.

好仁者, 無以尙之; 惡不仁者, 其爲仁矣,
호 인 자　무 이 상 지　　오 불 인 자　　기 위 인 의

不使不仁者加乎其身.
불 사 불 인 자 가 호 기 신

인을 좋아하는 자는 더 이상 보탤 것이 없다.
그런데 불인을 미워하는 자는 그 인을 행함에 있어,
불인한 것이 자기 몸에 물들지 않게 하려고
노력하는 자들이다.

有能一日用其力於仁矣乎? 我未見力不足者.
유 능 일 일 용 기 력 어 인 의 호　　아 미 견 역 부 족 자

蓋有之矣, 我未之見也."
개 유 지 의　　아 미 지 견 야

하루라도 그 힘을 인에 쓰려고 노력하는 자가 있는가?
나는 그 인함에 쓸 힘이 부족한 인간을 본 적은 없다.
과연 그런 자가 있을까?
나는 단연코 그러한 자를 본 적이 없다."

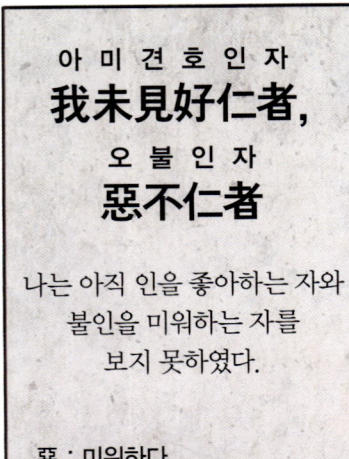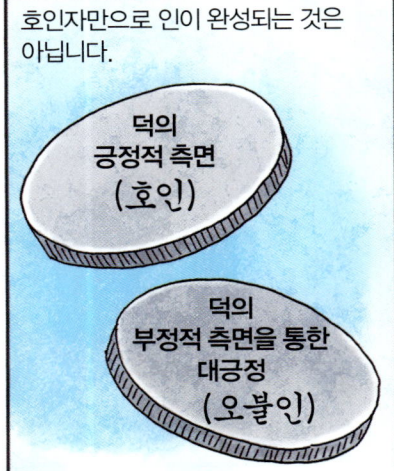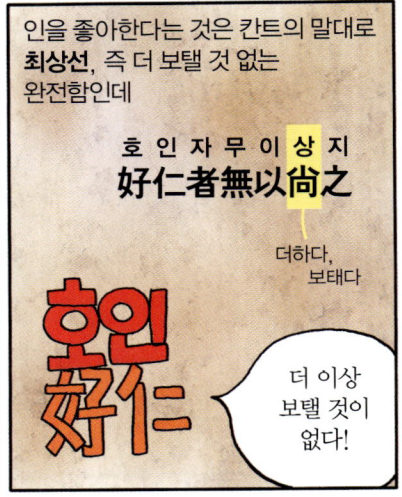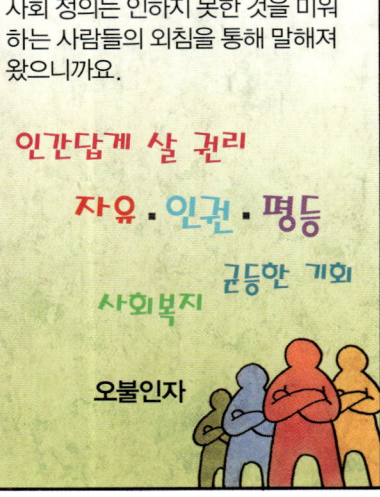

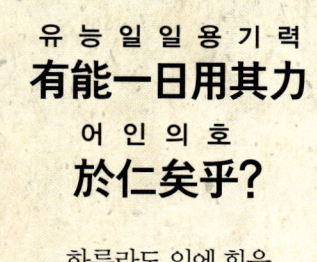

4-7 子曰:"人之過也, 各於其黨. 觀過, 斯知仁矣."
자왈　인지과야　각어기당　관과　사지인의

공자께서 말씀하셨다.

"사람의 과실이란 각기 그 습벽을 따른다.
그 사람의 과실을 보면 곧 그 사람의 인함을 알 수 있다."

이 장은 고주와 신주의 해석이 엇갈립니다.

신주의 해석이 훨씬 설득력이 있죠.

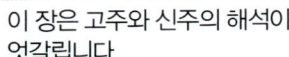

고주는 사람을 군자와 소인으로 나눈 뒤,

과(過)　당(黨)

과는 과실(허물)이고 당은 당류, 즉 비슷비슷한 무리라는 뜻이다.

사람의 과실은 그 사람에 따라 다르게 일어나는데,

황간

사람의 과실을 꾸짖을 때는 반드시 군자와 소인을 가려서 해야 한다고 말합니다.

소인이 군자의 행동을 흉내내지 못한다고 해서 그것이 소인의 잘못은 아니다.

무엇에 쓰는 물건인고?　책을!

과실의 유형을 잘 분류하여 용서할 것은 용서하는 것이 곧 인을 아는 사람의 행동이다.

글은 몰라도 농사는 잘 지어요~

이에 대해 신주, 주자의 입장은 조금 다르죠.

사람의 오류는 그 당류(무리의 성격)에 맞게 일어나는 것이다.

여기까진 고주와 같음

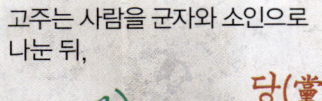
군자의 오류
소인의 오류

정이천은, **군자는 군자다운 오류를, 소인은 소인다운 오류**를 범한다고 했는데

인정이 후해서　　인정이 없어서

지나치게 사랑하기 때문에　너무 냉정하기 때문에

군자　　소인

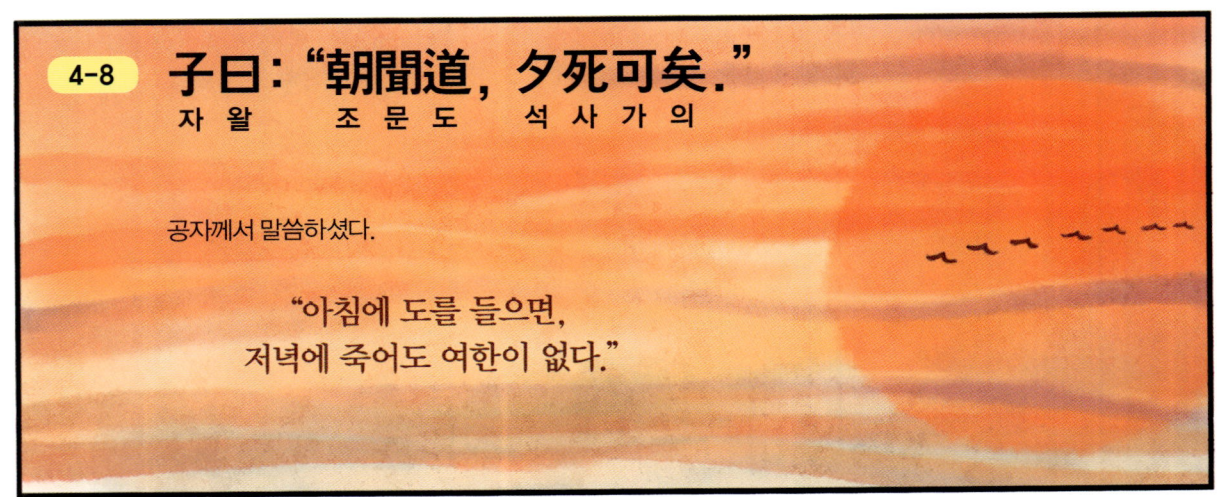

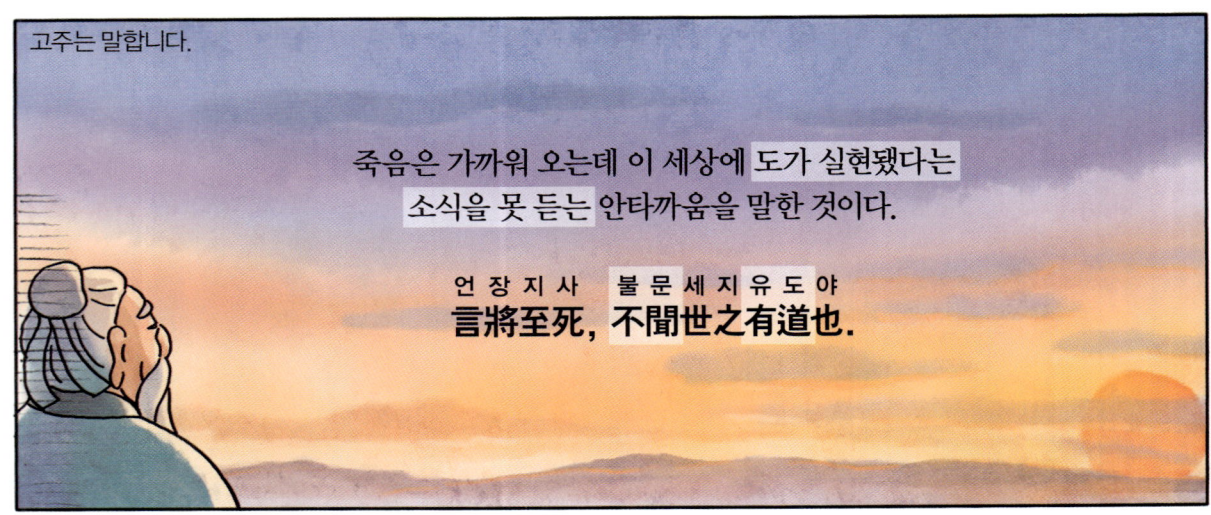

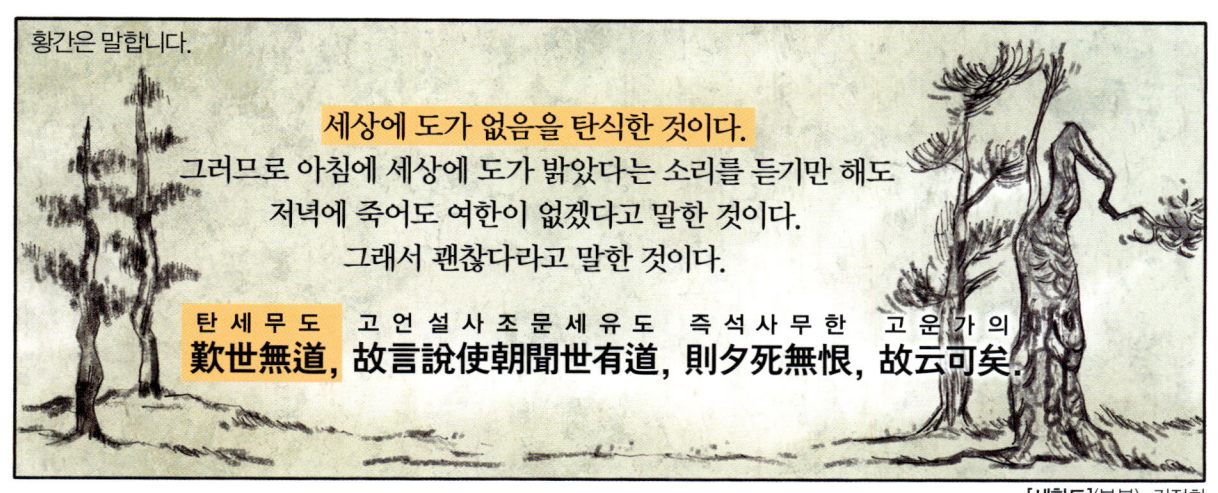

[세한도](부분), 김정희

주자는 말합니다.

도라는 것은 사물이 제각기 정당한 모습을 지니는 이치다.
만약 그 도를 얻어 듣는다면 삶이 순탄하고 죽음이 편안하여
다시 한을 남기게 되는 일이 없게 될 것이다.
아침과 저녁을 말한 것은 그 때의 가까움을 매우 극적으로 표현한 것이다.

도 자　사 물 당 연 지 리　구 득 문 지　즉 생 순 사 안　무 부 유 한 의
道者, 事物當然之理. 苟得聞之, 則生順死安, 無復遺恨矣.
조 석　소 이 심 언 기 시 지 근
朝夕, 所以甚言其時之近.

도(道)는 언젠가는 이 세상에 구체적으로 실현되어야 할 진리의 길이지만

공자는 도를 말할 때 자기 내면의 깨달음이나, 또는 지켜야 할 사회적 규범으로만 말하지 않았습니다.

내면의 자각, 깨달음

범절, 도리 본보기, 모범

보편적인 **사회적 규범은** 반드시 **인성의 깨달음** 속에 그 바탕을 두어야 하죠.

도의 실현

도의 깨달음

인한 사람들이 만들어가는 사회적 규범

춘추시대 말기의 혼란 속에서 사람들이 도를 깨닫고 도덕적 사회를 만들었다는 소식을 듣고 싶어했던 공자.

아침에 도를 들으면 저녁에 죽어도 좋으련만!

그 소망은 결국 절망으로 변해갔죠.

그럼에도 불구하고 끝까지 도의 깨달음과 도의 실현에 대한 소망을 포기하지 않았던

공자의 삶에 대해 경외감을 갖게 됩니다.

4-10 子曰:"君子之於天下也, 無適也, 無莫也, 義之與比."
자왈 군자지어천하야 무적야 무막야 의지여비

공자께서 말씀하셨다.

"군자는 세상일에 관하여서는 가까이할 것도 없고 멀리할 것도 없다. 오로지 의로움에 따를 뿐이다."

여기서 천하(天下)란, 문자 그대로 하늘 아래 인간 세상을 가리키죠.

군자는 지위(位)를 얻었든, 얻지 못했든, 인간 세상을 지도하는 위치에 있는 리더들이고요.

위(位)를 얻으면 → 벼슬아치
위(位)를 얻지 못하면 → 도덕군자

관리 / 군자

그러면, 군자와 천하의 관계는 어떻게 되어야 할까요?

세상사

무 적 야 무 막 야
無適也 無莫也

가까이할 것도 없고 멀리할 것도 없다.

適 : 가까이하다, 몰두하다
莫 : 멀리하다, 거스르다

적은 긍정적 느낌의 말이고, 막은 부정적 느낌의 말이죠.

적(適) : 가까이함, 가(可)함
막(莫) : 멀리함, 불가(不可)함

무적과 무막은 중용에 가까운 태도입니다.

가깝지도 않고 멀지도 않게...
가까이 하기엔 너무 먼 당신!

무적 / 무막

의지여비 義之與比

의로움에 따른다.

比 : 따르다

군자는 사적 감정에 치우쳐 세상일을 긍정하거나 부정해서는 안 되며

오직 천하의 공적인 기준인 의로움에 따라 세상일을 처리하면 되는 것인데

이와 비슷한 공자의 이야기가 〈논어〉 [미자]편에도 나옵니다.

무 가 무 불 가
無可無不可

(나는) 고정적으로 가(可)하다고 생각하는 것도 없고, 불가(不可) 하다고 생각하는 것도 없다.

– [미자] 8

벼슬하게 되면 하고, 그만두게 되면 그만두고, 오래 머물 자리면 오래 머물고, 빨리 떠나야 할 자리면 빨리 떠나가고… 공자는 그렇게 치우침이나 고집함이 없이 살았다는 이야기죠.

그러나 원칙이 없어선 안 되지.

그 원칙은 바로 정의를 따르는 거야.

유가 사람들이 항상 노장사상이나 불교를 비판하는 핵심은 그것이 **윤리**를 벗어나게 한다는 점입니다.

세상 질서를 벗어나 자유, 해탈 추구

사람으로서 마땅히 해야 할 도리를 할 수 없게 만든다는 거죠.

만약 도(道)로써 세상일을 끌고 가지 않는다면, 미치광이가 날뛰고 제멋대로 방자해지는 세상이 되어버릴 것이 아닌가?

세상엔 가함도 불가함도 없지만, 그 사이에 **대의(大義)**가 있다는 공자님 말씀입니다.

4-11 子曰:"君子懷德, 小人懷土; 君子懷刑, 小人懷惠."
자왈 군자회덕 소인회토 군자회형 소인회혜

공자께서 말씀하셨다.

"군자는 큰 덕을 생각하고 소인은 안온한 삶의 터를 생각한다.
군자는 두루 적용되는 법을 생각하고
소인은 작은 혜택을 생각한다."

군 자 회 덕
君子懷德

군자는 큰 덕을 생각한다.

懷 : 생각하다, 그리워하다

회(懷)는 무엇을 삶의 중심 테마로서, 가치관으로서 간직한다는 뜻입니다.

여기서 덕이란 큰 덕, 즉 보편적 삶의 가치를 말하죠.

누구에게나 적용되는 보편적 도덕을 생각하면서 사는 게 군자이죠.

회덕이란, 나에게 본래 있는 선함을 기른다는 뜻이다. - 주자

토(土)는 삶의 터전, 즉 자기만의 따뜻한 삶의 범위를 의미하는데

소 인 회 토
小人懷土

회토는 자기가 사는 곳의 편안함에 푹 빠지는 것을 말한다. - 주자

자기가 살고 있는 좁은 영역에서 주인 될 생각만 한다는 거죠.

내 영역

내 구역

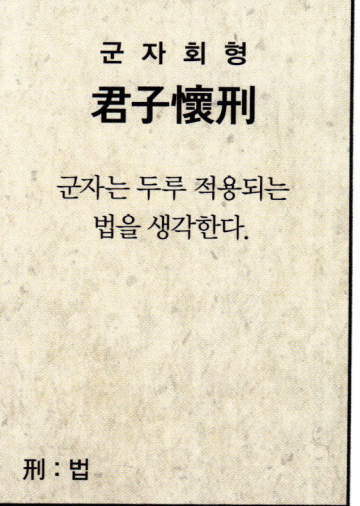

군 자 회 형
君子懷刑

군자는 두루 적용되는 법을 생각한다.

刑 : 법

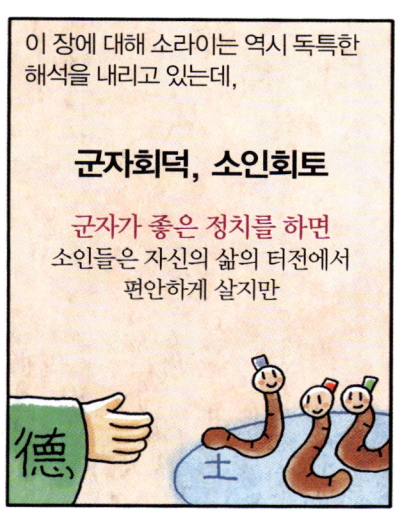

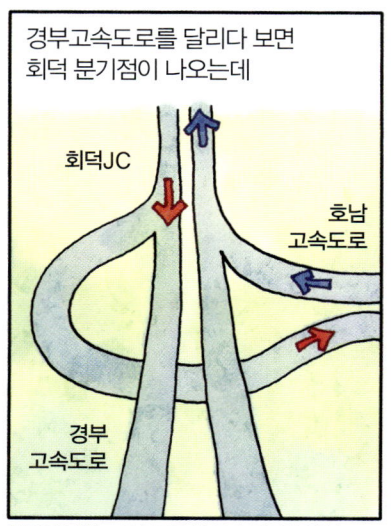

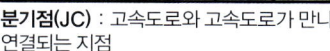

4-12 子曰: "放於利而行, 多怨."
자왈 방어리이행 다원

공자께서 말씀하셨다.

"이익에 질질 끌려 행동하면,
원망만 많이 생겨날 뿐이다."

방 어 리 이 행
放於利而行

이익에 질질 끌려 행동한다.

放 : 생각 없이 의지하다
利 : 이익

공안국의 고주는 방(放)을 의(依)로 해석합니다.

방(放)이란 질질 끌려다님(依)을 의미한다. 매사를 이익에 질질 끌려 다니면서 행하는 것을 말한 것이다.

여기서 '이(利)'는 개인적인 이익만 앞세우는 행동으로, 공자에게 있어 인(仁)과 반대되는 말이죠.

인(仁) — 보편적 도덕법칙을 따름
이(利) — 개인적 이익을 따름

이(利)는 자신의 자유와 쾌락을 위해 타인의 자유와 감정을 희생시키는데

WANTED
무법자 利
죄 목
보편적 인(仁)의 법칙을 파괴

그것은 곧 인간을 목적이 아니라 수단으로 바라보는 것이죠.

이렇게 서로가 서로에게 수단화될 때 사회는 오직 원망만 많아지게 됩니다.

다원 多怨

4-13 子曰: "能以禮讓爲國乎? 何有?
자왈   능이례양위국호   하유
不能以禮讓爲國, 如禮何?"
불능이례양위국   여례하

공자께서 말씀하셨다.
"예와 겸양으로써 나라를 잘 다스린다면, 도대체 무슨 어려움이 있겠는가? 예와 겸양으로써 나라를 잘 다스리지 않는다면 도대체 예를 어찌할 것인가?"

여기 '예양'의 **양**은 예의 한 표현입니다.

양(讓) : 사양, 겸손, 겸양

예

예보다는 범위가 좁지요.

〈춘추좌씨전〉에 진(晉)나라 장수들이 서로 사양한 이야기가 실려 있는데 한번 보시죠.

노양공(襄公) 13년 봄, 진나라 군주가 면 땅에서 군사연습을 행하였다…

진나라 군주가 장군을 임명하는데,

그대를 중군 대장으로 임명하노라.

사개

첫 순서인 **사개**가 사양했기 때문에

순언이 저보다 연상이고 능력도 뛰어납니다. 저는 순언의 아래에 있고자 합니다.

순언

사양

결국 **순언**이 중군 대장, **사개**는 그 부장이 되었죠. 그리고 다음 순서인 **한기**가 불려졌는데

한기, 그대를 상군 대장으로 임명하오.

헉!

한기

부담

이인제사(里仁第四)

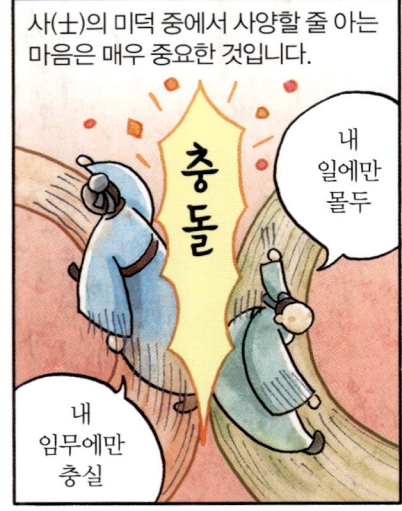

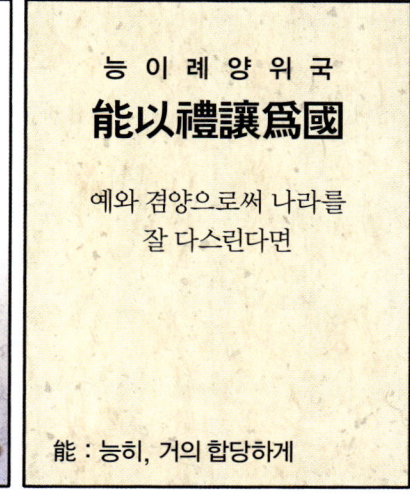

4-14

子曰:"不患無位, 患所以立. 不患莫己知,
자왈 　불환무위　환소이립　불환막기지

求爲可知也."
구위가지야

공자께서 말씀하셨다.

"지위가 없음을 걱정하지 말고,
무엇을 가지고 설 것인가를 걱정하라.
사람들이 자기를 알지 못함을 걱정하지 말고,
참으로 알려질 수 있기를 구하라."

위(位)가 없다는 것은 사회적 지위를 얻지 못한 것이고, 남이 알아주지 않는 것이죠.

무위 無位 = 막기지 莫己知 (無)

그러나 남이 나를 알아주지 않는 것은 내가 걱정할 문제가 아닙니다.

오히려

내가 과연 남에게 알려질 만한 실력을 쌓은 사람인가?

환患　걱정　고민

세상일에는 모두 때(時)가 있는데, 문제는 내가 그 때를 맞이할 수 있는 준비가 되어 있느냐 하는 겁니다.

나..가유~

때

꿈지럭..

또 놓쳤어!

내가 준비되어 있으면 때(時)는 또다시 나를 따라오게 마련입니다.

잡았어~

時

나를 둘러싼 환경을 걱정하지 말고 내면적 실력 쌓기를 더 걱정하라는 공자님 말씀이죠.

군자는 자신에게
있는 것을 구할 뿐이다.
- 정이천

위位(?)　칩立(!)

오늘날도 마찬가지죠. 정보사회가 될수록, 소리 없이 자신의 실력을 쌓은 사람에게는

반드시 큰 기회가 찾아올 겁니다.

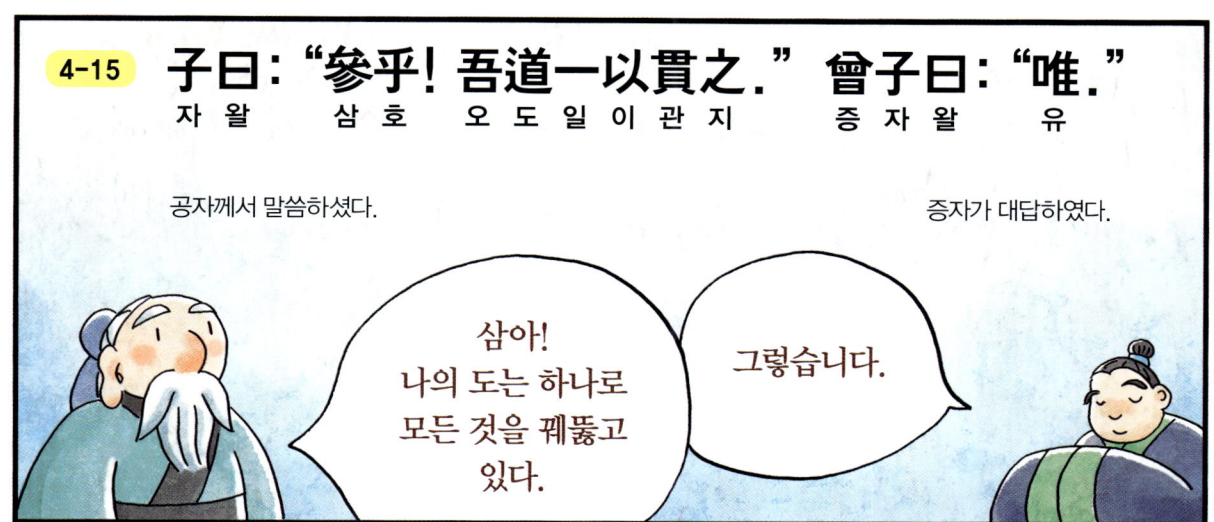

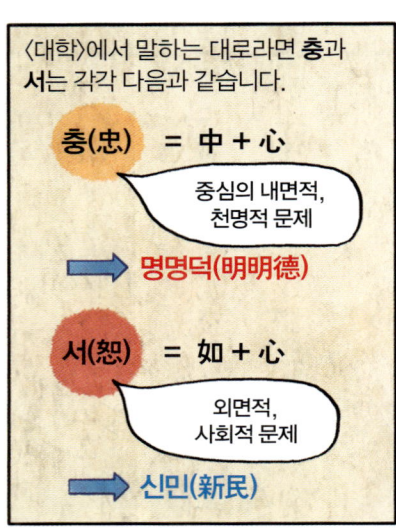

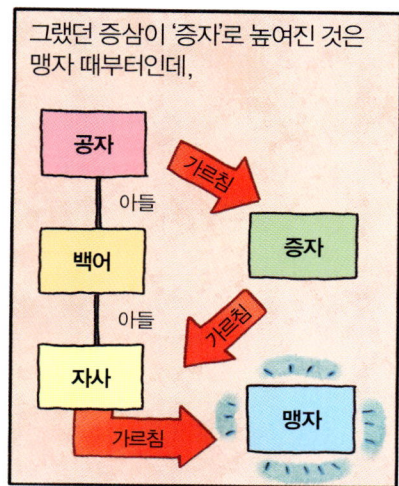
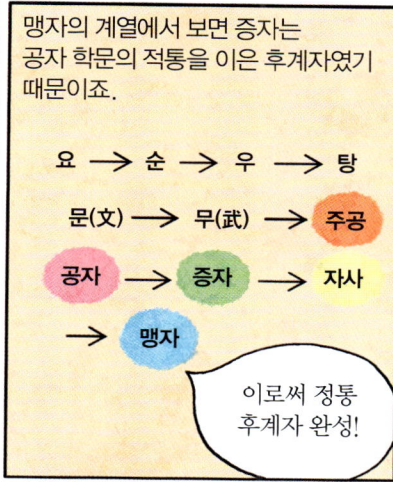

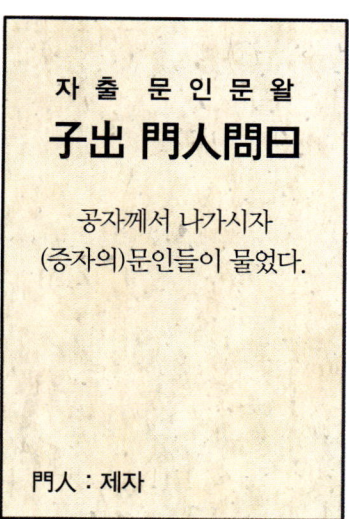

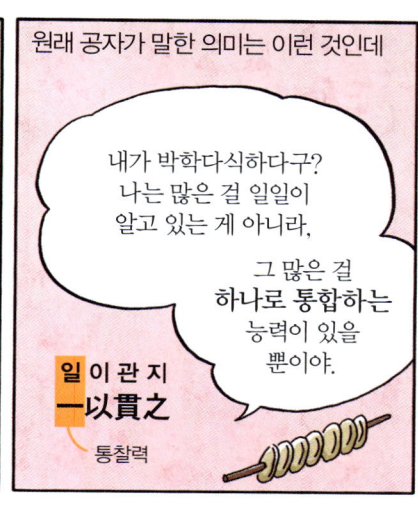

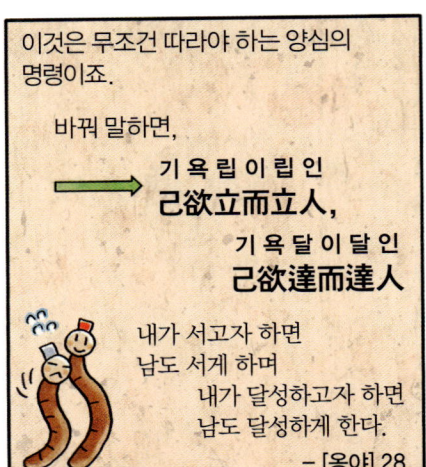

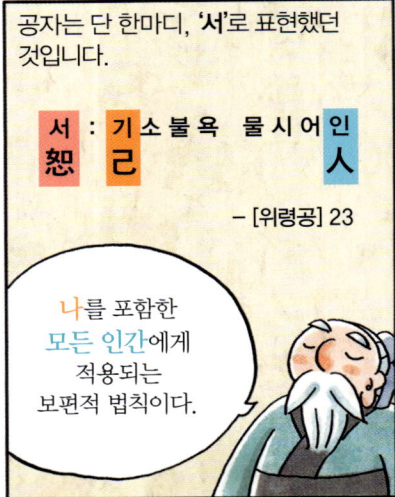

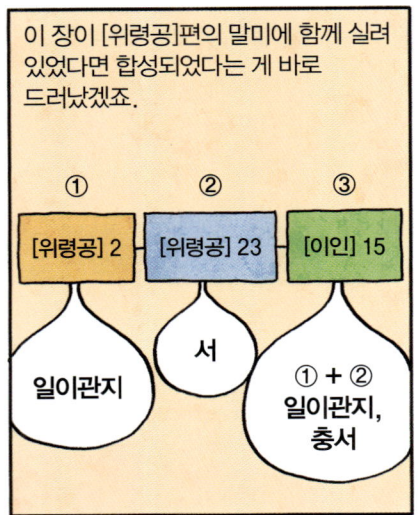

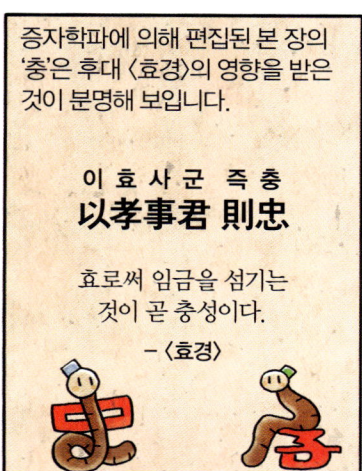

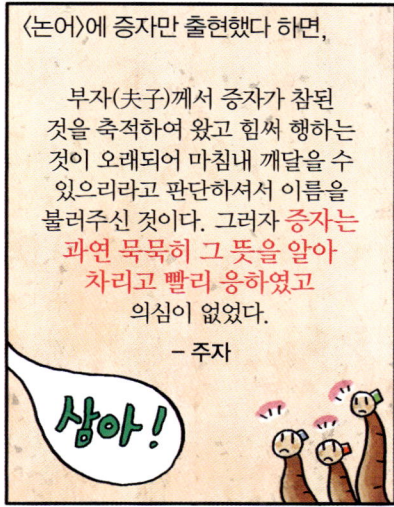
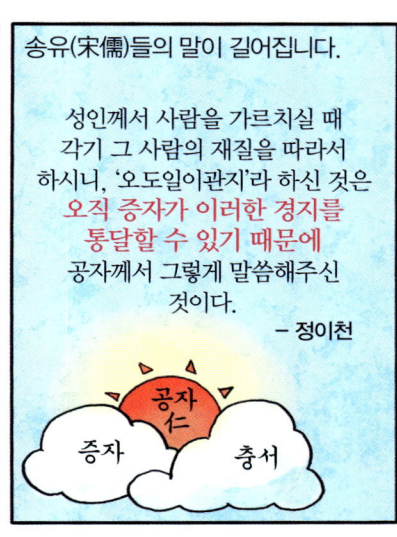

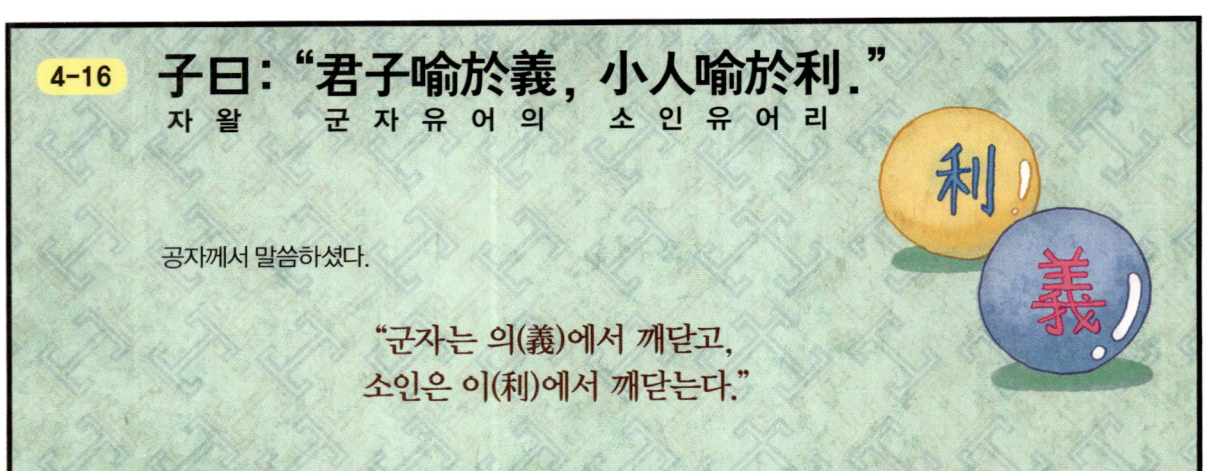

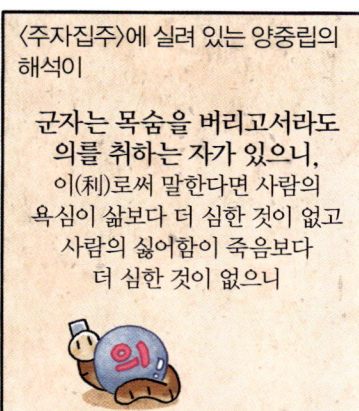
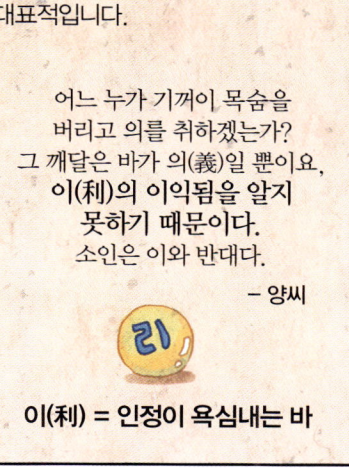

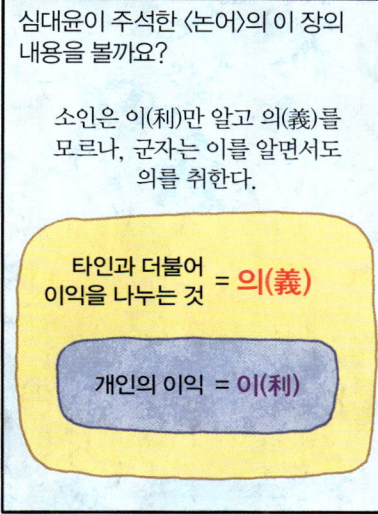
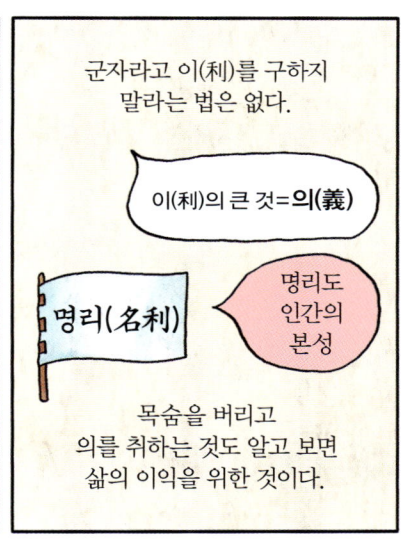

4-17 子曰:"見賢思齊焉, 見不賢而內自省也."
자왈 견현사제언 견불현이내자성야

공자께서 말씀하셨다.

"어진 이를 보면 그와 같아지기를 생각하며,
어질지 못한 이를 보면 안으로 자기를 되돌아본다."

견 현 사 제 언
見賢思齊焉

현인을 보면 그와
같아지기를 생각한다.

齊 : 같다

현인을 만나면 우리는 그와 같아지기를 생각해야 합니다.

견(見) = 내면적 만남

사제(思齊) = 배움의 동경, 본받음

기독교에도 비슷한 전통이 있는데,

참된 신앙은 예수를 객관화시켜 믿는 게 아니라, 예수를 본받아 그와 같아지기를 바라는 것이다.

토마스 아 켐피스
(1397~1471)
독일의 사상가

현인과 같아지기를 바라는 것은 내 속의 참된 나의 모습을 발견하는 것이죠.

예수의 삶을 따라가면 내 마음에 천국이 온다.

예수의 삶

반대로 어질지 못한 사람을 만나면 우선 나 자신을 돌아보고, 반성해야 합니다.

견 불 현
見不賢

깜짝이야!

내자성은 자신의 부끄러움을 깨닫는 것을 말합니다.

내 자 성
內自省

이렇게 17장까지 인(仁)의 주제가 쭉 이어졌습니다.

4-18 子曰: "事父母幾諫, 見志不從, 又敬不違, 勞而不怨."
자왈 사부모기간 견지부종 우경불위 노이불원

공자께서 말씀하셨다.

"부모를 섬길 때는 은미(隱微)하게 간(諫)해야 한다.
부모님의 뜻이 내 말을 따르지 않음을 보더라도
더욱 공경하여 어기지 않아야 한다.
그것이 괴롭더라도 원망하지는 말아야 한다."

사 부 모 기 간
事父母幾諫

부모를 섬길 때는
겉으로 드러나지 않게
말씀드려야 한다.

幾 : 겉으로 드러나지 않게
諫 : 바른말로 잘못을 고치게 함

부모님의 생각이 틀렸다고 말씀드릴 때는 온화한 표정을 지으며 예를 갖추어 말해야 합니다.

기(幾) = 미(微) = 부드럽게

그런데도 부모님이 **나의 뜻을 따르지 않으면** 어떻게 해야 할까요?

견 지 부 종
見志不從

싫다!
옹고집

그럴 때일수록 더욱 부모님에 대한 공경심을 늦추지 말고, 부모님 말씀을 어기지 말고

우 경 불 위
又敬不違

걸음…
툭! 원망

스트레스가 쌓이더라도, 부모님에 대한 걱정이 깊어지더라도, 원망은 하지 말아야 합니다.

노 이 불 원
勞而不怨

으아 작!
원망

부모님 생각이 내 생각과 다름에도 따라야 하는 상황이 괴롭게 느껴지더라도 결코 원망치는 말아야 한다는 거죠.

〈예기〉에 다음과 같은 말이 있습니다.

예기
禮記

부모님께 과실이 있을 때, 심란하여 기가 치솟는 것을 억누르고 얼굴색을 편안하게 하고 **또 목소리를 부드럽게 하여 은미하게 간한다.** 그런데 간하는 말이 먹혀들어가지 않을지라도 더욱 공경하고 더욱 효성스럽게 해야 한다. 그러다가 **기분이 풀리실 때를 틈타 다시 간해야 한다.** 그러나 기분이 풀리시지 않더라도 부모님이 잘못으로 마을과 사회에서 죄를 얻도록 방치하기보다는 **간절히 매달려 계속 간하는 것이 옳다.** 이로 인하여 부모님이 노하여 화가 나셔서, 종아리를 쳐서 피가 흐를지라도 감히 미워하고 원망해서는 안 된다. 이럴 때일수록 더욱 공경하고 더욱 효성스러워야 하는 것이다.
– 〈예기〉 [내칙]

[팔가조도](부분), 김홍도

자식이 부모를 섬기는데 세 번 간해도 듣지 아니하면, 소리 내어 울며 따른다.
– 〈예기〉 [곡례] 하

옛사람들의 진실한 삶의 태도와 효성의 지극함을 잘 나타내주는 말들입니다.

요즘 사람들도 깊게 생각해 봤으면 합니다.

두 체계 간에 충돌이 있을 때, 논리적으로만 해결하려는 노력에는 한계가 있죠.

말빨

빠쩨!

부모님과 나의 충돌은 깊은 정감을 함께 나눈 사이이므로, 반드시 시간을 두고 해결해야 합니다.

하루 한 달 일 년 십 년

지금 당장 무엇이 해결되지 않는다 하더라도 시간을 두고 설득하면 서로에게 유익한 결과에 반드시 이를 수 있습니다.

인간의 문제는 결국 **시중(時中)**의 문제이니까요.

4-19 子曰: "父母在, 不遠遊, 遊必有方."
자왈　부모재　불원유　유필유방

공자께서 말씀하셨다.

"부모님께서 살아 계실 때에는 멀리 놀러가지 말아야 한다.
그렇게 놀러갈 때에는 반드시 부모님께
갈 곳을 알려 드려야 한다."

'유'라는 표현은 단지 '놀러간다'뿐만 아니라 집을 떠나 여행하는 모든 행위를 말합니다.

遊
유세 한다
유학 한다
유람 한다

'유필유방'의 '방'은 고주와 신주의 해석이 조금 다르지만

遊必有**方**

신주 : 가는 방향(方), 즉 갈 곳을 부모님께 알린다.

고주 : 여행할 때에는 반드시 규율(方)이 있는 여행을 한다.

오늘날 우리의 생활방식과

대저 사람의 자식된 자는 집을 나갈 때 반드시 부모님께 가는 곳을 알리고

다녀오겠습니다.

크게 다르지 않은

집에 돌아오면 반드시 부모님 얼굴을 뵙고 다녀왔다고 이르며 안부를 살핀다.
- 〈예기〉[곡례] 상

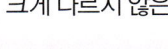

다녀왔습니다.

옛사람들의 삶의 태도입니다.

부모님께서 연로하시면 외출을 해도 갑자기 그 방향을 바꾸지 아니하며, 돌아올 때에는 예정된 시간을 넘기지 않는다.
- 〈예기〉[옥조]

자식 위치

자식이 부모의 마음을 자기의 마음으로 삼는다면 이것이 곧 효이죠.

이인제사(里仁第四)

4-20 子曰: "三年無改於父之道, 可謂孝矣."
자왈 삼년무개어부지도 가위효의

공자께서 말씀하셨다.

"삼 년 동안 아버지의 도(道)를 고침이 없으면
효(孝)라 이를 만하다."

[학이]편에 이미 나왔던 문장이죠.

부재 관기지 부몰 관기행
父在, 觀其志; 父沒, 觀其行.
삼년무개어부지도 가위효의
三年無改於父之道, 可謂孝矣.

아버지께서 살아 계실 때는 그 뜻을 살피고, 아버지께서 돌아가셨을 때는 그 하신 일을 살핀다. 삼 년 동안 아버지의 도를 고침이 없으면 효라 이를 만하다.
- [학이] 11

[학이]편은 본 장에 '부재, 관기지; 부몰, 관기행'을 덧붙여 새로 만든 것입니다.

[이인] 20
+
부재, 관기지; 부몰, 관기행
↓
[학이] 11

따라서 [이인]편이 [학이]편의 성립보다 시대적으로 앞섰다고 생각해 볼 수 있죠.

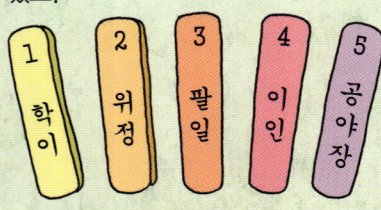

1 학이 2 위정 3 팔일 4 이인 5 공야장

사용된 단어, 인물 관계 등을 통해 각 편이 만들어진 시기를 추측해볼 수 있지.

그런데 송유들은 이런 텍스트 비판에는 크게 관심이 없습니다.

호인이 말하였다.
이 장은 이미 [학이]편에 나왔다. 이것은 중복하여 나왔는데 그 절반이 빠져 있다.
- 〈주자집주〉

글자 그대로, 순서 그대로 사랑해~

[이인]편이 [학이]편보다 먼저 성립했을 것이란 생각을 해본 적도 없는 설명이죠.

3년이라는 숫자가 은나라의 풍습과 관련 있다는 설도 있습니다.

4-21 子曰: "父母之年, 不可不知也. 一則以喜, 一則以懼."
자왈 부모지년 불가부지야 일즉이희 일즉이구

공자께서 말씀하셨다.

"부모님의 나이는 알지 않으면 안 된다.
한편으로는 그로써 기쁜 마음이 들고,
한편으로는 그로써 두려운 마음이 든다."

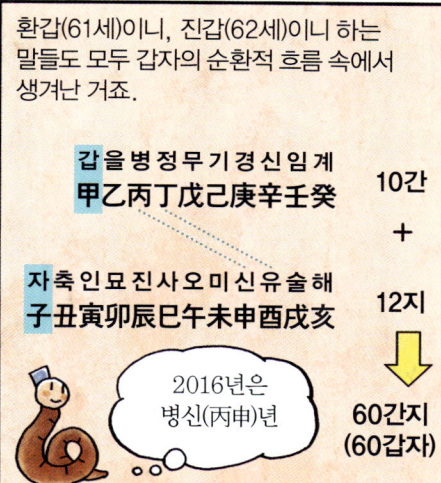

이인제사(里仁第四)

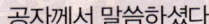

4-23 子曰:"以約失之者, 鮮矣."
자왈 이약실지자 선의

공자께서 말씀하셨다.

"약(約)으로써 잃는 자는 적다."

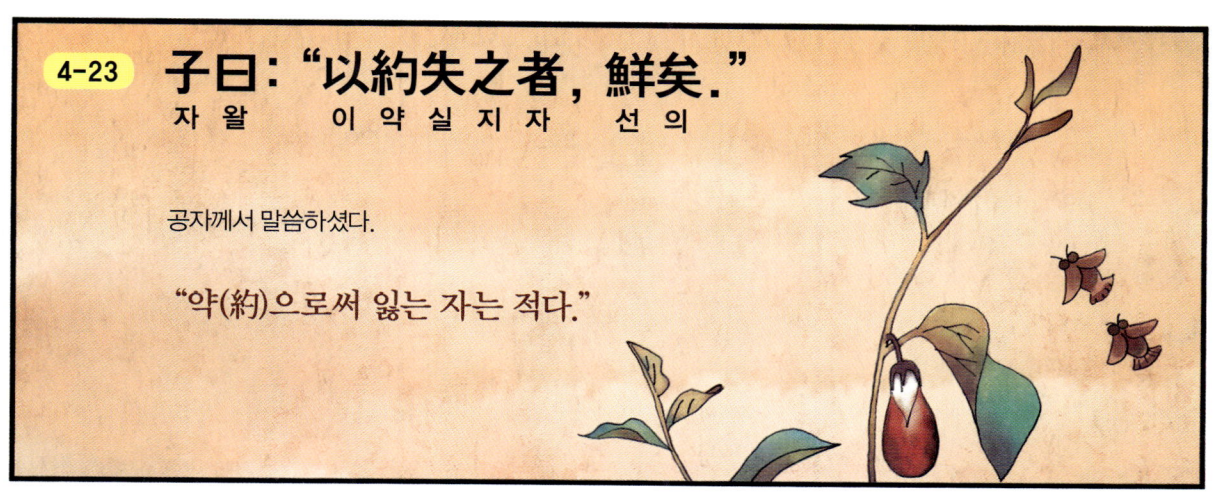

[초충도](부분), 신사임당

'약'은 경제적 검약을 의미할 수도 있지만

검약(儉約)
: 사치하지 않고 아끼다

언어의 검약, 행동의 검약, 그리고 가치관 전체의 검약을 의미할 수도 있습니다.

인간은 '과'보다는 '불급'의 상태일 때 개선의 여지가 더 많죠.

과(過)   불급(不及)

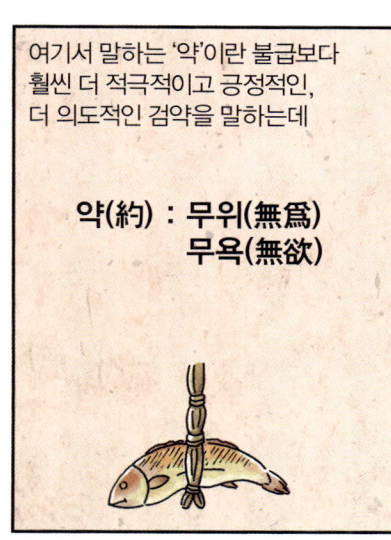

여기서 말하는 '약'이란 불급보다 훨씬 더 적극적이고 긍정적인, 더 의도적인 검약을 말하는데

약(約) : 무위(無爲)
       무욕(無欲)

공자의 사상은 결코 노자의 사상과 떨어져 있지 않습니다.

흰 바탕을 드러내고
통나무를 껴안아라.

현 소 포 박
見素抱樸

見 : (현), 드러내다
樸 : 쪼개지기 전의 통나무, 무한한 가능태

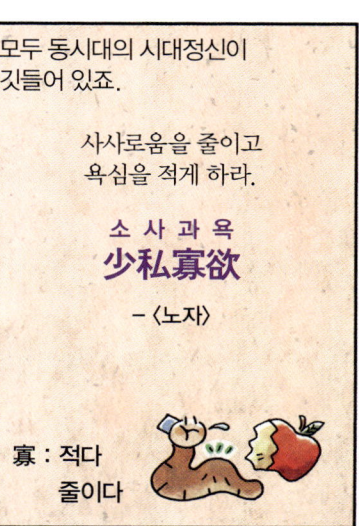

모두 동시대의 시대정신이 깃들어 있죠.

사사로움을 줄이고
욕심을 적게 하라.

소 사 과 욕
少私寡欲

- 〈노자〉

寡 : 적다
   줄이다

이인제사(里仁第四)

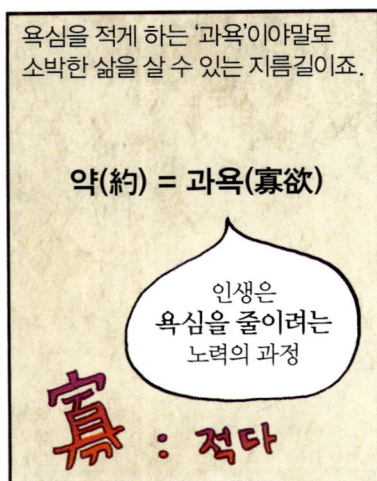

둘리, 〈아기공룡 둘리〉, 김수정

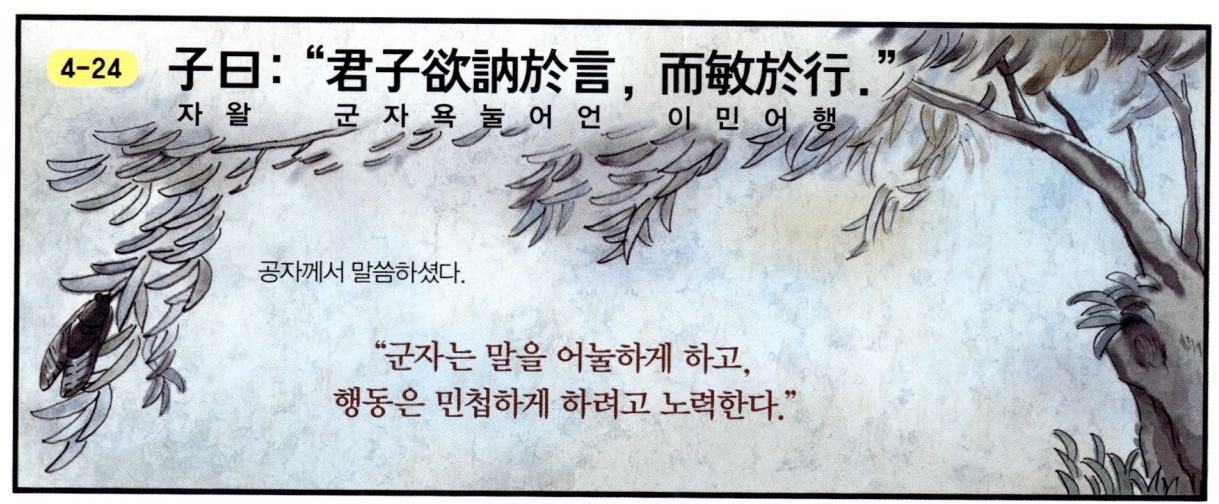

[유선도](부분), 김인관

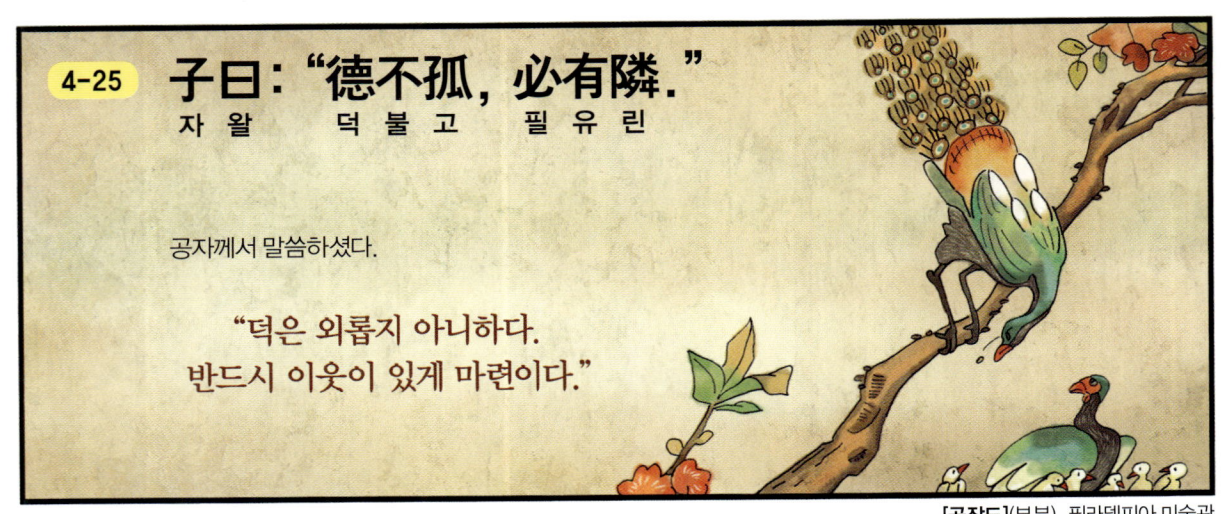

[공작도](부분), 필라델피아 미술관

15장부터 24장까지 증자학파의 냄새가 짙었다면, 이 장은 또다시 원래의 공자사상을 보여줍니다.

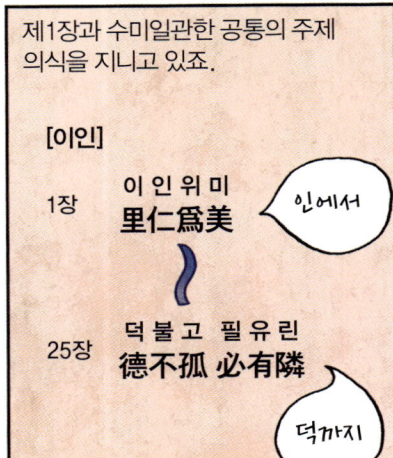

제1장과 수미일관한 공통의 주제의식을 지니고 있죠.

[이인]
1장　이 인 위 미　里仁爲美　인에서
25장　덕 불 고 필 유 린　德不孤 必有隣　덕까지

마지막 26장은 자유의 말로, 부록격으로 귀엽게 첨가된 것입니다.

＋ 26장
덤?
자유(子游)

덕 불 고 필 유 린
德不孤 必有隣

덕은 외롭지 않고,
반드시 이웃이 있다.

孤 : 외롭다
隣 : 이웃

덕은 내 안에 쌓이는 것이지만, 반드시 관계 속에서 형성되는 겁니다.

친구, 동지, 협력자, 이웃, 제자
＝ 붕우(朋友)

공자가 평생을 고아처럼 살면서 느낀 삶의 뼈저린 체험이 담긴 것 같은 말이죠.

스승님~
덕불고~

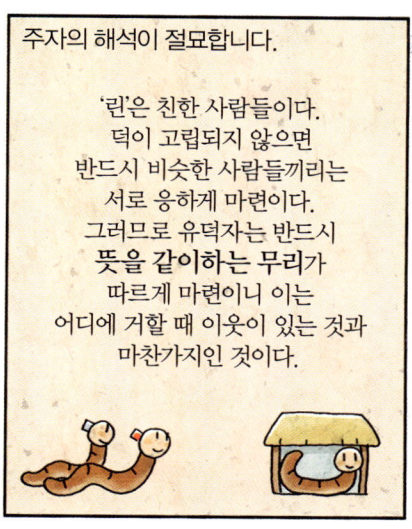

4-26

子游曰: "事君數, 斯辱矣;
자유왈　사군삭　사욕의

朋友數, 斯疏矣."
붕우삭　사소의

자유가 말하였다.

"임금을 섬김에 너무 자주 간하면 욕을 당하고,
붕우 간에 너무 자주 충고하면 멀어지게 마련이다."

이 장은 자유의 말이 기록된 것으로, '자왈'이 계속되던 [이인]편에서는 그 성격이 다릅니다.

그러나 내용적으로는 18장의 주제와 통하는 면이 있고

부모를 섬길 때에는 은미하게 간해야 한다.
– [이인] 18

비록 자유의 말이긴 하나 공자가 평소 제자들에게 했던 말씀일 수도 있기에 부록 격으로 첨가되어도 그리 어색하지는 않습니다.

내가 경험해보니까 이렇더라…

허리띠

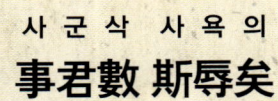

사군삭　사욕의
事君數 斯辱矣

임금을 섬김에 너무 자주 간하면 욕을 당한다.

數 : '자주'의 뜻일 때 '삭'으로 읽음, 자주 간하다
斯 : 곧
辱 : 욕, 수치

부모와 나의 관계는 절대적이기에 시간을 두고 끝까지 노력해야 하지만

10년이 걸려도…

임금이나 친구와의 관계는 의(義)라는 명분에서 어긋나면 단절되고 맙니다.

확 짤라? 관둬!

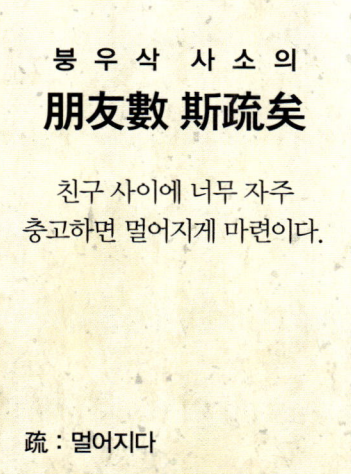

공야장제오(公冶長第五)

5-1A
子謂公冶長, "可妻也. 雖在縲絏之中,
자 위 공 야 장　　　가 처 야　　수 재 누 설 지 중
非其罪也." 以其子妻之.
비 기 죄 야　　　이 기 자 처 지

공자께서 공야장을 평가하여 이르시기를

"사위 삼을 만하다. 비록 그가 오랏줄에 묶여 감옥에
갇혀 있지만 그것은 그의 죄가 아니다." 하시고,
자기의 딸을 그에게 시집보내셨다.

공야장은 공자 제자 중의 한 사람이라고 하나, 어떤 사람인지 알려진 바는 없습니다.

'위(謂)'는 단순히 일컫는다기보다 인간에 대해 평가한다는 뜻으로 쓰였습니다.

자 위 공 야 장
子謂公冶長

성 : 공야(公冶)
이름 : 장(長)

'처(妻)'는 딸을 시집보낸다는 의미의 동사이죠.

가 처 야
可妻也 : 딸을 시집보낼 만하다
= 사위 삼을 만하다

수 재 누 설 지 중
雖在縲絏之中

비록 오랏줄에 묶여 감옥에 갇혀 있지만

縲 : 죄인을 묶는 검은 포승줄
絏 : 묶다

공야장은 특수한 재능을 지닌 장인 출신이 분명합니다.

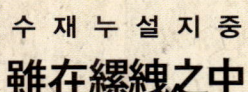
公冶長

공가(公家, 궁정)에서 야금술에 관계된 직종에서 일하던 기술자

야(冶) : 금속을 다루는 일

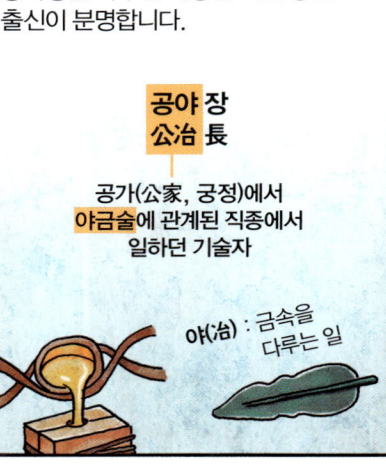

당시 공야장은 억울하게 옥살이를 하고 있었던 듯한데

비 기 죄 야
非其罪也

그것은 그의 죄가 아니다!

5-1B

子謂南容, "邦有道, 不廢; 邦無道, 免於刑戮."
자위남용　방유도　불폐　방무도　면어형륙

以其兄之子妻之.
이 기 형 지 자 처 지

공자께서 남용을 평하여 이르시기를 "나라에 도가 있으면 버려지지 않을 것이고, 나라에 도가 없더라도 형벌은 면할 인물이다." 하시고, 그 형의 딸을 그에게 시집보내셨다.

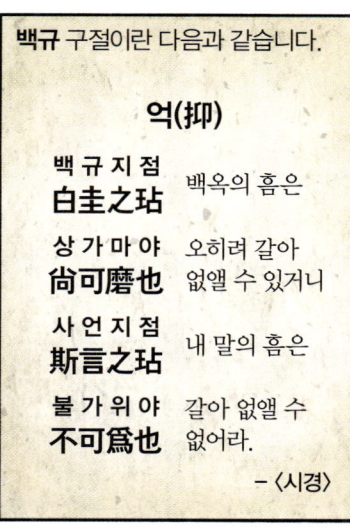

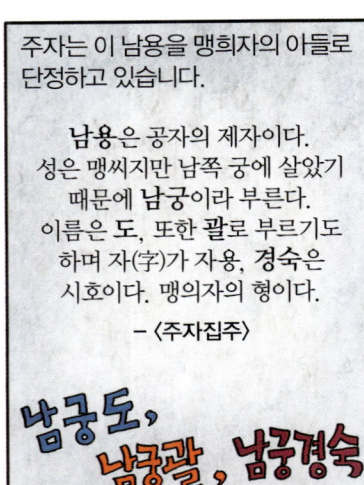

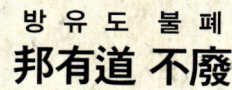

5-2 子謂子賤, "君子哉若人! 魯無君子者, 斯焉取斯?"
자위자천 군자재약인 노무군자자 사언취사

공자께서 자천을 평하여 말씀하셨다.

"군자로다! 이 사람이여. 노나라에 군자의 전통이 없었다면 이 사람이 어디에서 이러한 덕성을 취했겠는가?"

자천은 공자가 말년에 노나라로 돌아왔을 때 만난 훌륭한 인물이었을 겁니다.

자천 (子賤)

이름 : 복부제
공자보다 49세 연하
《사기》에는 30세 연하

〈공자가어〉에는 자천에 관한 간략한 정보가 들어 있죠.

노나라 사람이다. 벼슬하여 선보의 읍재가 되었는데 재주와 지략이 있으며 인자하고 사람을 아껴 백성을 속이는 일이 없었다. 공자는 그를 크게 평가하였다.

單 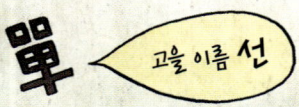 고을 이름 선

선보(單父) : 노나라의 읍

군 자 재 약 인
君子哉若人

군자로다! 이 사람이여.

哉 : 감탄사
若 : 이와 같은

〈여씨춘추〉에는 같은 선보의 명재상이었던 무마기와 자천의 이야기가 대비되어 실려 있습니다.

읍재 **자천** / 재상 **무마기(巫馬期)**

자천은 선보를 다스렸다. 그는 앉아 가야금을 타면서도 그 몸은 담 밑으로 내려오지 않았다. 그렇지만 선보는 잘 다스려졌다.

둥가당 딩가당

무마기는 새벽별을 보면서 출근하여 별이 빛나는 밤에 퇴근하였다. 낮·밤을 가리지 않고 한시도 쉼 없이 몸소 돌아다녔다. 그의 노력으로 또한 선보는 다스려졌다.

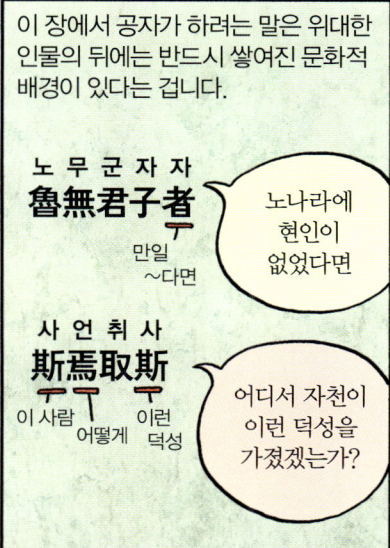

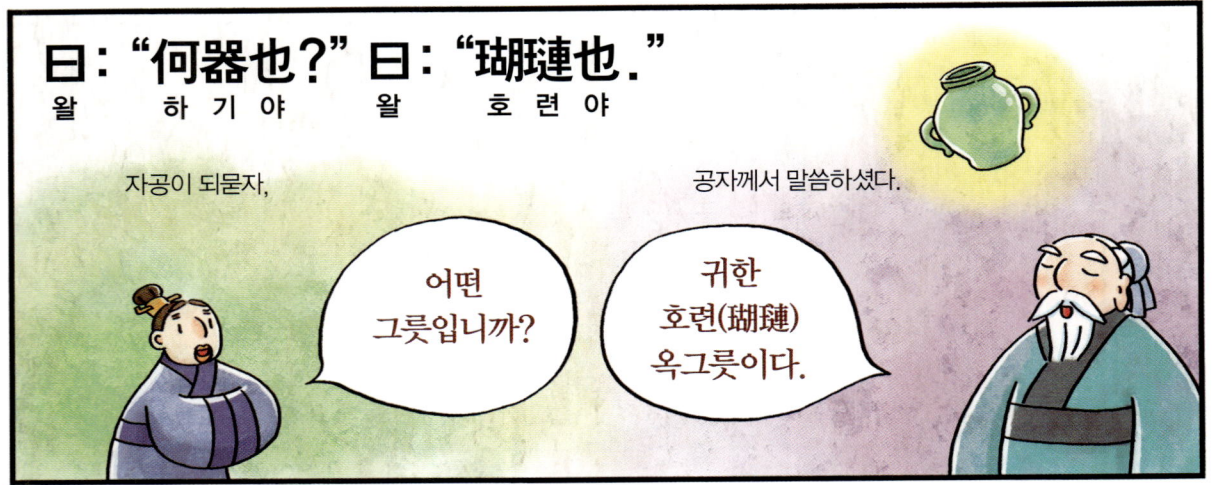

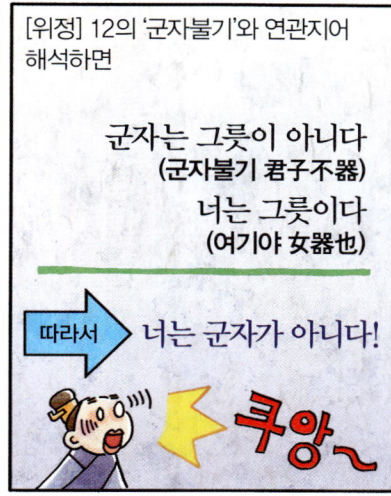

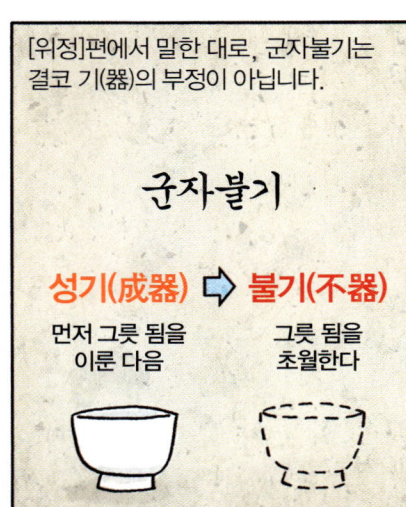

공야장제오(公冶長第五)

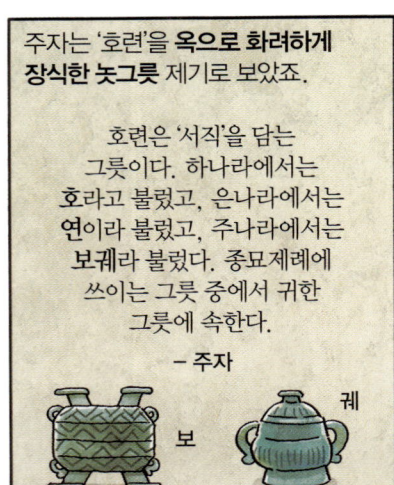

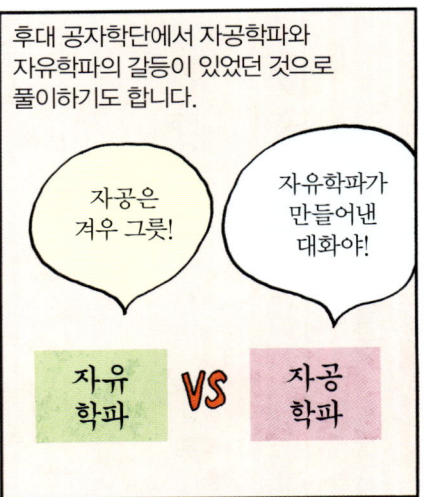

5-4

或曰: "雍也仁而不佞." 子曰: "焉用佞?
혹왈　　옹야인이불녕　　　자왈　　언용녕

禦人以口給, 屢憎於人. 不知其仁, 焉用佞?"
어인이구급　　누증어인　　부지기인　　언용녕

누군가 말하였다.

"옹은 인하기는 한데 말재주가 없습니다."

공자께서 말씀하셨다.

"말재주를 도대체 어디에 쓰겠다는 거냐?
약삭빠른 말솜씨로 남의 말을 막아, 자주 남에게
미움만 살 뿐이니, 그가 인한지는 모르겠으나
말재주를 도대체 어디에 쓰겠다는 거냐?"

'옹'은 '염옹'을 말합니다. 같은 일족인 염백우, 염구와 함께 사과십철(四科十哲)에 이름을 올렸죠.

염옹 ┐
염백우 ┘ 덕행
염구 — 정치

염옹은 자(字)가 중궁이다. 매우 **못난 아버지** 밑에서 컸다. 그럼에도 불구하고 덕행으로 이름을 날렸다.
– 〈공자가어〉

이름: 염옹(冉雍)
자(字): 중궁(仲弓)
공자보다 약 29세 연하

〈가어〉에서 강조하고 있는 것은 그가 못난 아버지 밑에서 컸다는 건데,

불초지부
不肖之父

① 지위가 아주 낮은 사람
② 비천한 일을 하던 사람
③ 도덕적으로 질이 좋지 않은 사람

그럼에도 불구하고 염옹의 행동이 매우 덕스러웠다는 것은 결코 예사로운 일이 아니죠.

염(冉) = 염(染)
　　 = 염색 일을 하는 사람

공자는 염옹에게서 자기 자신의 모습을 보았는지도 모릅니다.

너 힘들었을 거 내가 안다…

기특…

염옹에 대해서는 잘 알려진 바가 없는데도, 그에 대한 공자의 칭찬은 도가 지나칠 정도입니다.

옹이라는 아이는 **남면(南面)**하게 할 만하다.
– [옹야] 1

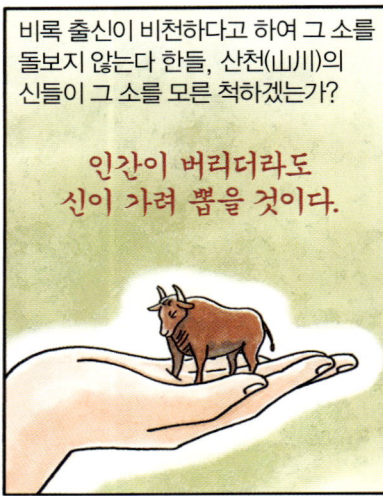

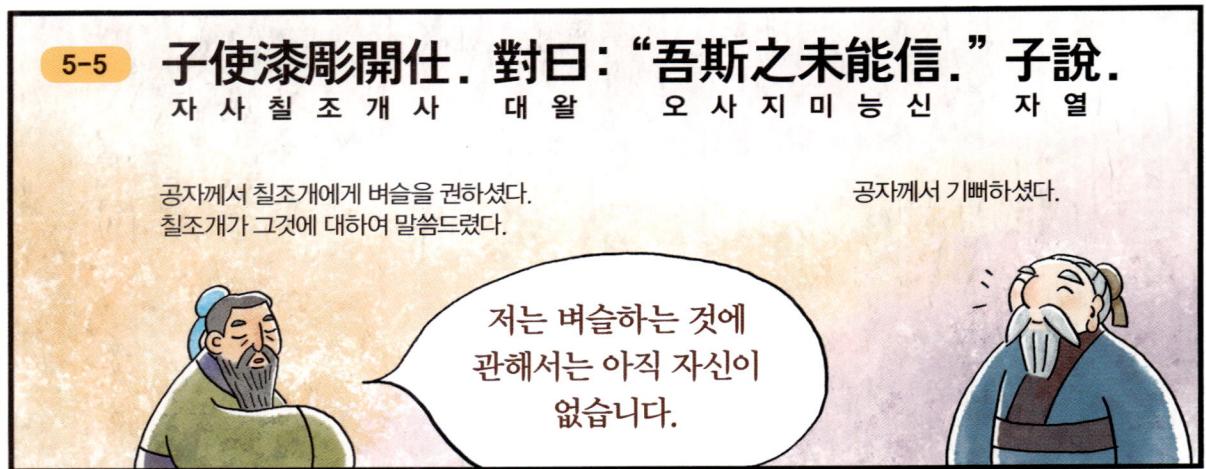

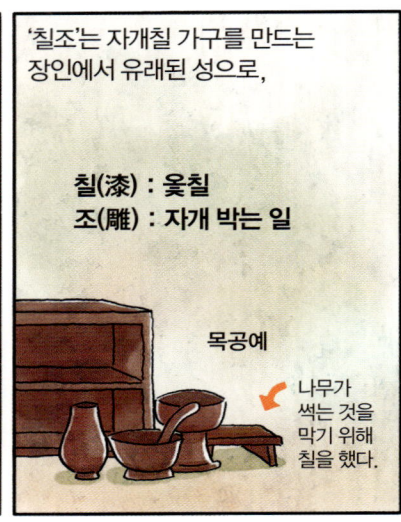

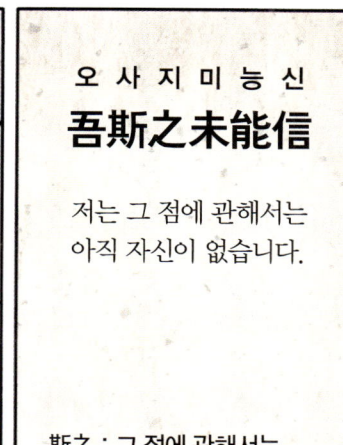

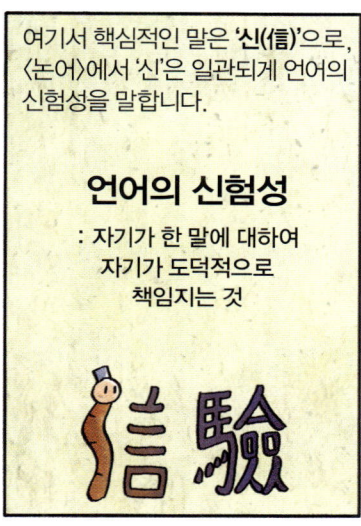

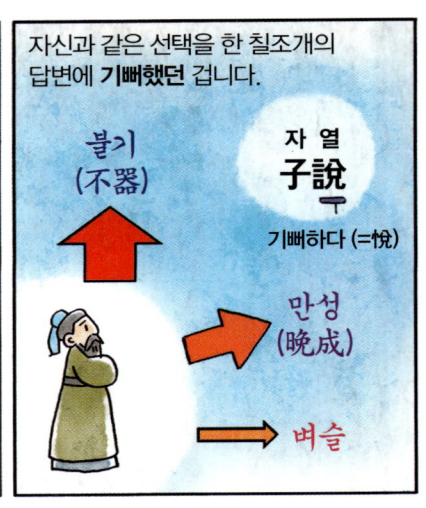
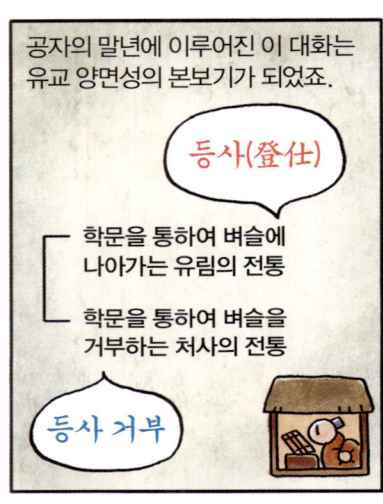

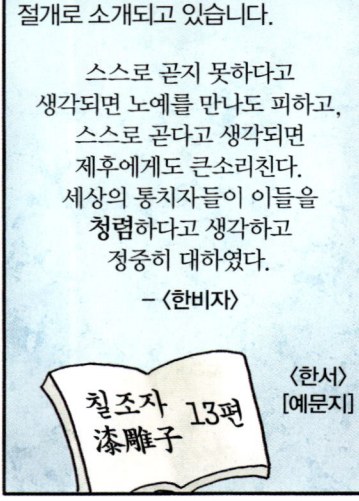

5-6 子曰: "道不行, 乘桴浮于海. 從我者, 其由與?"
자왈 도불행 승부부우해 종아자 기유여

子路聞之喜.
자로문지희

공자께서 말씀하셨다. "나의 도가 실현되지 않는구나. 뗏목을 타고 바다에 둥둥 떠 있고 싶다. 이럴 때 나를 따르는 자는 오직 유(由: 자로의 이름)이겠지?"

자로가 이 말을 듣고 기뻐 어쩔 줄을 몰랐다.

子曰: "由也好勇過我, 無所取材."
자왈 유야호용과아 무소취재

공자께서 말씀하셨다.

"유가 용맹을 좋아하는 것은 분명 나를 뛰어넘는다. 그러나 그는 사리를 헤아리는 바가 부족하다."

〈논어〉에 자로가 없으면 재미가 없죠. 공자에 버금가는 아성(亞聖)은 안회보다도 자로가 되어야 할 것 같습니다.

공자는 자로와 더불어 역사에 등장했으며, 공자 삶의 길이 바로 자로의 삶이었죠.

기쁜일도 슬픈일도 함께~   공자의 분신

인간은 부담 없이 의지하고 싶은 인간에게 짜증을 부리게 마련인데

공야장제오(公冶長第五)

승 부 부 우 해
乘桴浮于海

뗏목을 타고 바다에 떠 있고 싶다.

乘 : 타다
桴 : 뗏목
浮 : 물위에 뜨다

이 말은 당시 사회 흐름에 대한 공자의 깊은 절망감에서 나온 것이 분명한데,

도 불 행
道不行

아~ 나의 도가 실현되지 않는구나!

작은 뗏목을 타고 바다에 둥둥 떠 있고 싶다.

단군조선이 요순시대에 건국된 이래, 공자 시대에 이미 고조선은 높은 문명을 이룩했다는 거죠.

은나라의 현인 기자(箕子)가 관여했던, 당시 중원 사람들에겐 이상향의 나라

조선 땅으로 이민 가고 싶다!

② 전통적인 해석은 공자가 진짜 현실을 도피하려는 생각을 가지지는 않았다는 겁니다.

바다는 육지의 질서로부터 해방된 공간을 의미할 뿐이라는 거죠.

혼돈

카오스(chaos)

미지의 세계

죽음의 세계

어쨌든, 자신의 절망감을 혼돈의 바다에 띄워보고 싶다는 아름다운 문학적 표현입니다.

由也好勇過我
유 야 호 용 과 아

유가 용맹을 좋아하는 것은 나를 뛰어넘는다.

勇 : 용감함
過 : 뛰어넘다

'호학'과 '호용'은 둘 다 공자학단에서 중요한 덕성이었죠.

仁者必有勇
인 자 필 유 용

인한 자는 반드시 용맹스럽다.
- [헌문] 5

나도 한 '호용' 했지.

無所取材
무 소 취 재

사리를 헤아리는 바가 부족하다.

取 : 가려잡다
材 : 헤아리다(裁)

공야장제오(公冶長第五)

5-7

孟武伯問: "子路仁乎?" 子曰: "不知也."
맹무백문   자로인호   자왈   부지야

맹무백이 여쭈었다. "자로는 인합니까?"
공자께서 말씀하셨다. "잘 모르겠네."

又問. 子曰: "由也, 千乘之國, 可使治其賦也, 不知其仁也."
우문 자왈   유야 천승지국   가사치기부야   부지기인야

그러자 맹무백은 다시 여쭈었다. 이에 공자께서 말씀하셨다. "유(由: 자로의 이름)는 천 수레의 나라라도 그 군 재정을 맡겨 다스리게 할 만하지만, 그가 인한지는 모르겠네."

"求也何如?" 子曰: "求也, 千室之邑, 百乘之家, 可使爲之宰也, 不知其仁也."
구야하여   자왈   구야 천실지읍   백승지가   가사위지재야   부지기인야

"그렇다면 구(求: 염유의 이름)는 어떻습니까?"
공자께서 말씀하셨다. "구는 천 가호의 읍이나 백 수레의 대부 영지에서 지방장관을 하게 할 만하지만, 그가 인한지는 모르겠네."

"赤也何如?" 子曰: "赤也, 束帶立於朝, 可使與賓客言也, 不知其仁也."
적야하여   자왈   적야   속대립어조   가사여빈객언야   부지기인야

"그러면 적(赤: 공서화의 이름)은 어떻습니까?"
공자께서 말씀하셨다. "적은 대례복을 성대하게 차려입고 조정에 서서, 외국 사신들을 응대하여 말을 나누게 할 만하지만, 그가 인한지는 모르겠네."

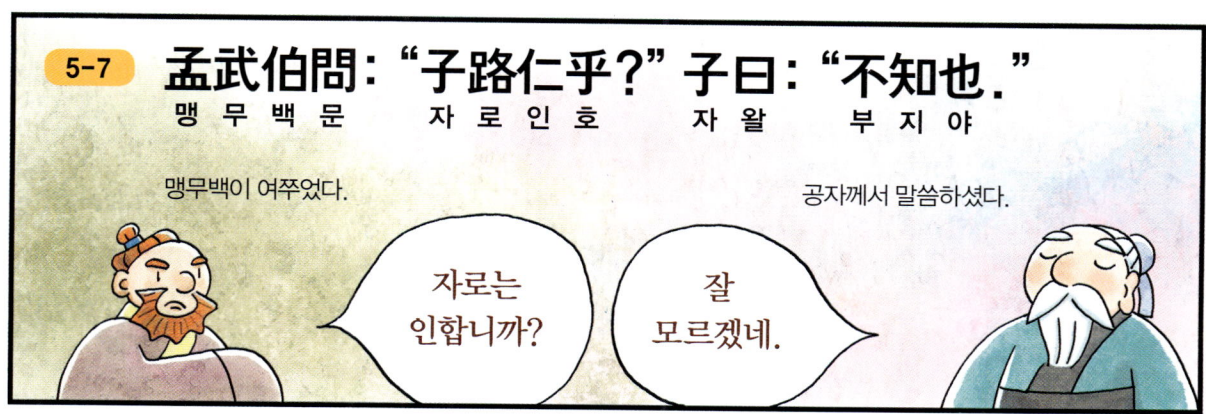

천승지국
千乘之國
가 사 치 기 부 야
可使治其賦也

천승지국의 군 재정을
맡겨 다스리게 할 만하다.

乘 : 수레
賦 : 국가 세금, 재정

'천승지국'은 당시의 노나라를 훨씬
뛰어넘는 큰 나라를 말하는데,

천승지국
: 전투용 수레 1천 대를 갖출
힘이 있는 나라

1승

그 국가의 군 재정을 맡길 만하다는
데서 자로의 정직함에 대한 공자의
신뢰를 알 수 있죠.

대국의 재정은
맡길 만한데

← 자로,
사심 없는
사나이

인한지는
모르오.

천 실 지 읍 백 승 지 가
千室之邑 百乘之家
가 사 위 지 재 야
可使爲之宰也

천실지읍이나 백승지가의
재상을 하게 할 만하다.

室 : 집
宰 : 재상

천 가구가 사는 '천실지읍'과

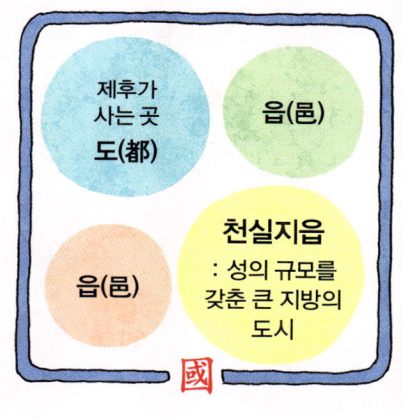

제후가
사는 곳
도(都)

읍(邑)

읍(邑)

천실지읍
: 성의 규모를
갖춘 큰 지방의
도시

國

'백승지가'는 결코 작은 규모가
아닙니다.

백승지가
: 백 수레의 규모를 갖춘
경대부의 채읍(采邑)

채읍 : 왕족과 신하에게 내려주어
조세를 받아 쓰게 하던 마을

그리고 재(宰)는 대부가의 일을
총 관리하는 사람을 말하는데,

재(宰)
= 대부가의 총관(總管)
= 한 현의 현장(縣長)
= 지방장관

공자는 이 역시 인(仁)과는 별도의
문제라고 합니다.

대부가의
재상이 될 만하나,

← 염구,
공무원 스타일

인한지는
모르겠소.

계씨 집안의 사람들도 공자에게 이들을
물었던 것으로 보아

"우리집 가신인 자로와
염구는 훌륭한 신하라고
이를 만합니까?"
- [선진] 23

계씨가
하라는 대로
따르기만 하는
사람들입니까?

아비와
임금을 시해하는
일은 절대 따르지
않을 것이다!

공야장제오(公冶長第五)

5-8 子謂子貢曰：“女與回也孰愈？” 對曰：“賜也何敢望回?
자위자공왈　여여회야숙유　　대왈　　사야하감망회

回也聞一以知十, 賜也聞一以知二.”
회야문일이지십　사야문일이지이

공자께서 자공에게 일러 말씀하셨다.

"너와 안회, 누가 더 나으냐?"

자공이 대답하였다.

"제가 어찌 안회를 넘나 보겠습니까? 안회는 하나를 들으면 열을 알고, 저는 하나를 들으면 둘을 알 뿐입니다."

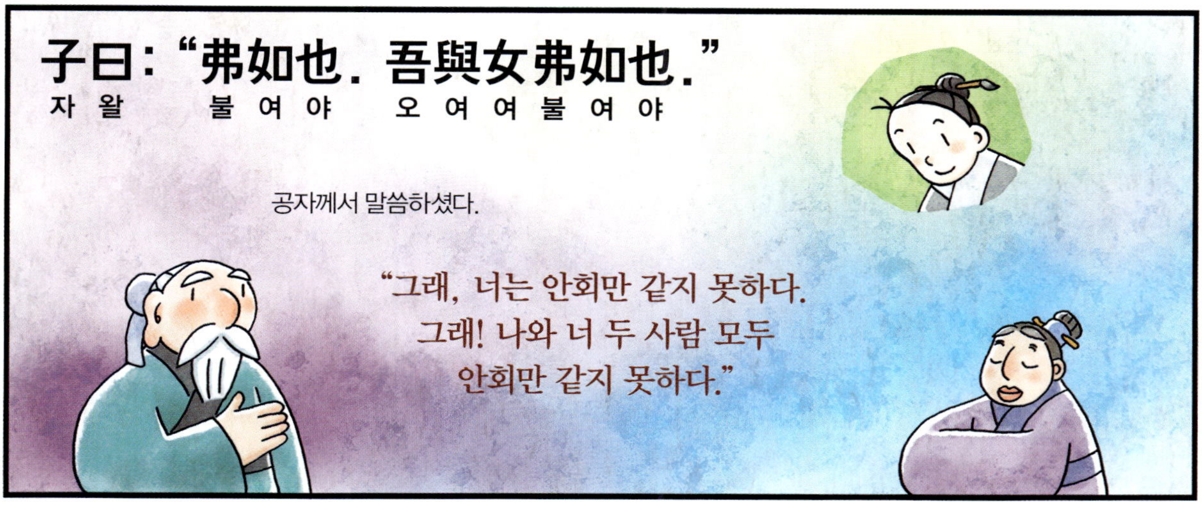

子曰：“弗如也. 吾與女弗如也.”
자왈　　불여야　오여여불여야

공자께서 말씀하셨다.

"그래, 너는 안회만 같지 못하다. 그래! 나와 너 두 사람 모두 안회만 같지 못하다."

안회와 자공은 비슷한 나이로, 둘 다 공자의 총애를 받았던 제자들입니다.

두 사람은 공자학단에서 막상막하의 라이벌이었을 겁니다.

공자보다 30세 연하 안회

공자보다 31세 연하 자공

〈논어〉 속에서 안회의 위치는 그 누구도 넘볼 수 없었지만

안회 : **아성(亞聖)**

공야장제오(公冶長第五)

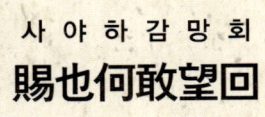

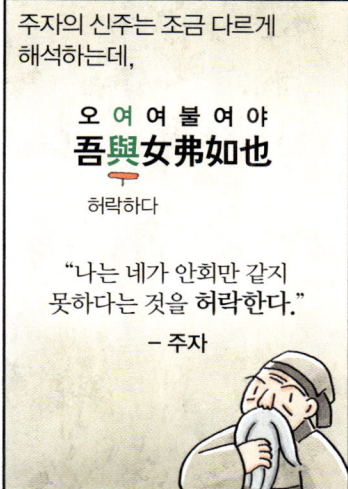

5-9 宰予晝寢. 子曰: "朽木不可雕也, 糞土之牆不可杇也;
재여주침   자왈   후목불가조야   분토지장불가오야

於予與何誅?"
어 여 여 하 주

朽木   糞土

재여가 낮잠을 자자, 공자께서 말씀하셨다.

"썩은 나무는 조각할 수가 없고,
거름흙으로 쌓은 담은 흙손질할 수가 없다.
내 재여에 대하여 뭘 꾸짖을 일이 있겠는가?"

子曰: "始吾於人也, 聽其言而信其行; 今吾於人也,
자왈   시오어인야   청기언이신기행   금오어인야

聽其言而觀其行. 於予與改是."
청기언이관기행   어 여 여 개 시

공자께서 말씀하셨다.

"내가 처음에는 남에 대하여 그의 말을 듣고
그의 행실을 믿었으나, 이제 나는 남에 대하여
그의 말을 듣고 그의 행실을 살펴보게 되었다.
나는 재여 때문에 이 같은 습관을 고치게 되었노라."

재여는 〈논어〉 전편을 통해 공자에게 미움을 사는 제자의 모습으로 나타나고 있죠.

그 덕분에 〈논어〉에 더욱 긴장감이 생겨 흥미롭습니다.

[팔일] 21에서 주나라 사람들이 사(社)로 밤나무를 쓴 것은 백성을 전율케 하기 위해서라고 말했다가 공자님께 혼났었죠.

이름 : 재여(宰予)
자(字) : 자아(子我)
➡ 보통 재아(宰我)로 불림

재아는 자공과 함께 사과십철에 언어(言語)로 꼽힌 인물로,

공자학단 성적표

언어 : A+

유능한 정치인이 될 소질이 엿보입니다.

공무원이 되어도 잘할 듯~

후목불가조야
朽木不可雕也

썩은 나무는 조각할 수 없다.

朽 : 썩다
雕 : 새겨넣다

분토지장불가오야
糞土之牆不可杇也

거름흙으로 쌓은 담은 흙손질을 할 수 없다.

糞 : 똥
牆 : 담장
杇 : 흙손질하다

'후목'이란 조각하기엔 물러 빠진 나무이고,

'분토'란 찰기가 전혀 없는 부슬부슬한 개흙이죠.

삶에 대한 자세가 게으른 인간은 도저히 교육시킬 방법이 없음을 나타낸 말입니다.

어여여하주
於予與何誅

재여에 대하여 무슨 꾸짖을 일이 있겠는가?

何 : 무슨
誅 : 꾸짖다

공자가 자공을 가리켜 호련이라고 한 것과 달리

그릇은 그릇이되 아름다운 호련 그릇이다!

재아에게는 꾸짖을 가치도 없다는 심한 말을 하고 있는데

후목

썩은 나무!

거름흙!

분토

공야장제오(公冶長第五)

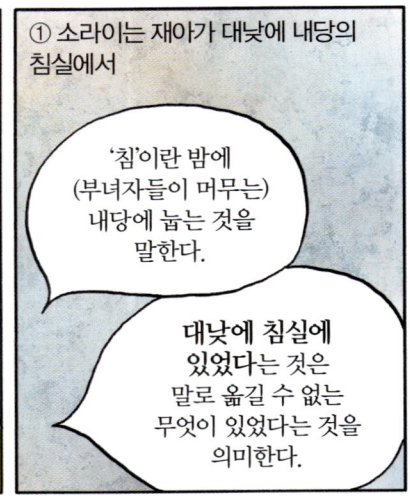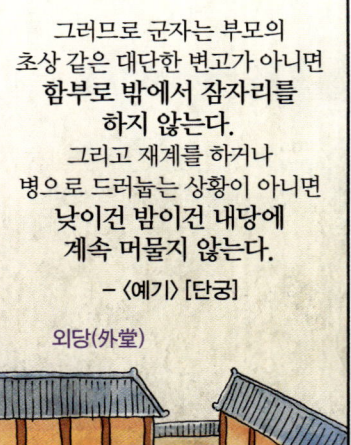

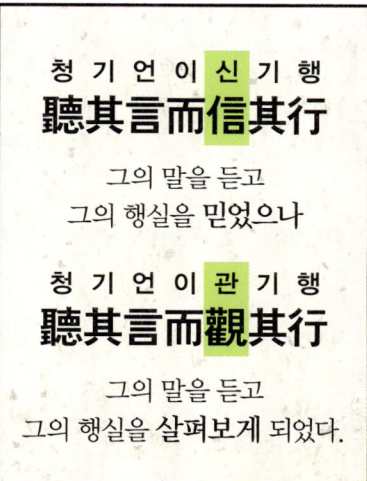

5-10 子曰: "吾未見剛者." 或對曰: "申棖."
자왈   오미견강자   혹대왈   신장

子曰: "棖也慾, 焉得剛?"
자왈   장야욕   언득강

공자께서 말씀하셨다.
"나는 아직도 참으로 강(剛)한 자를 보지 못하였다."

어떤 사람이 대답하여 말하였다.
"신장(申棖)이 있지 않습니까?"

공자께서 말씀하셨다.
"신장은 항상 욕심이 앞서는 사람이니 어찌 그를 강하다 하리오?"

剛

[공야장] 1~13장은 주로 공자와 가까웠던 제자들에 대한 평이므로…

오 미 견 강 자
吾未見剛者

나는 아직 참으로 강한 자를 보지 못하였다.

剛 : 굳세고 강하여 굽히지 않다

여기서 '강'이란 신체적 강함만이 아니라 그 인품의 강직함을 말하죠.

강(剛) = 견강불굴(堅剛不屈)
: 굳세어 어려움이 닥쳐도 굽히지 않다

강은 사람이 가장 실천하기 어려운 것이다. 그러므로 부자께서 보지 못하였다고 탄식하는 것이다.
— 주자

'강'은 또한 인간의 아홉 가지 덕 중 하나이자,

9덕(德)

강이색(剛而塞)
: 굳세고 진실하다

군주의 삼덕 중 하나이죠.

3덕(德)

강극(剛克):
사람을 강직함으로 다스림

이런 강함의 본보기로 어떤 사람이 신장을 말하자,

오미견강자

나는 아직 참으로 강한 자를 못 보았도다!

신장이 있지 않습니까?

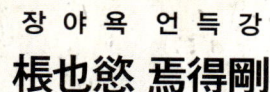

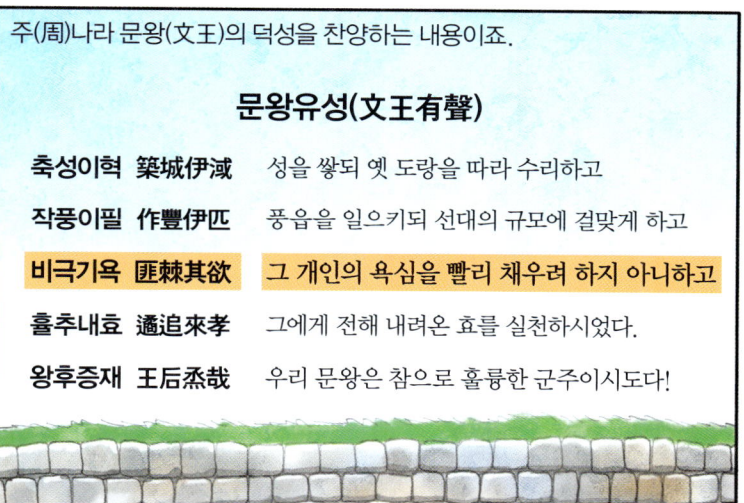

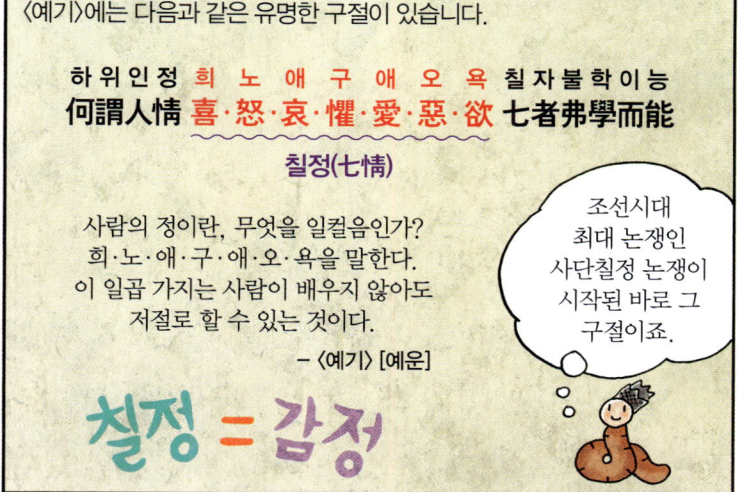

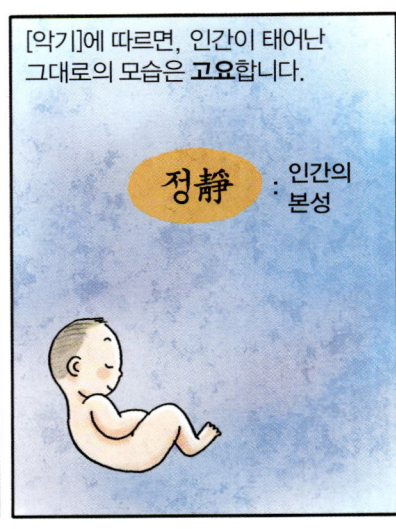

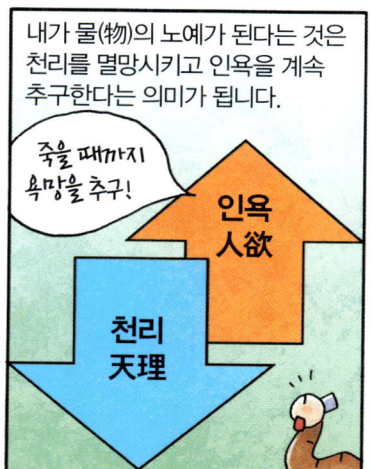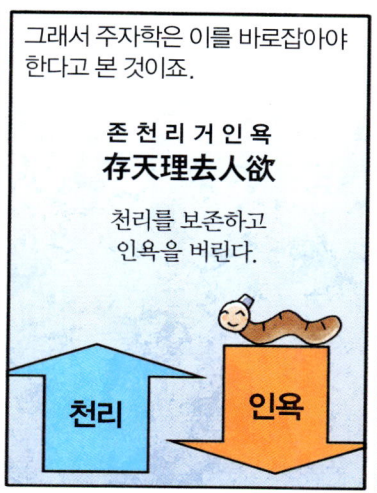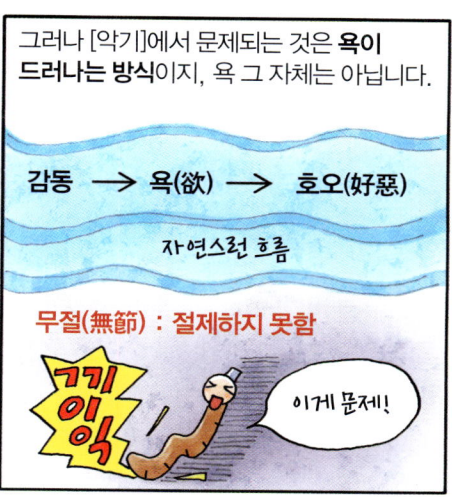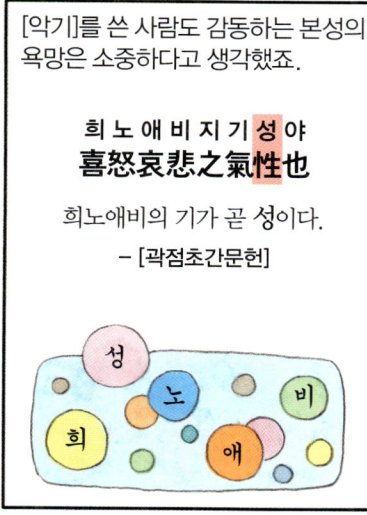

5-11 子貢曰: "我不欲人之加諸我也, 吾亦欲無加諸人."
자공왈   아불욕인지가저아야   오역욕무가저인

子曰: "賜也, 非爾所及也."
자왈 사야 비이소급야

자공이 말하였다.

"저는 남이 저에게 무리한 것을 강요하는 것을 원치 않습니다. 그리고 저 또한 남에게 무리한 것을 강요하는 것을 원치 않습니다."

공자께서 말씀하셨다.

"사야! 그것은 네가 쉽게 미칠 수 있는 것이 아니다."

이 장은 고주와 신주의 해석이 미묘하게 엇갈립니다. 저의 해석은 고주를 따른 것이죠.

고주는 자공의 말 앞뒤 문장을 잘라서 해석했고

가(加) — 물질적·정신적 폭력

남이 나에게 가(加)하는 것도,
내가 남에게 가(加)하는 것도 싫다.

신주는 두 문장을 연결하여 하나의 문장처럼 해석했는데,

"남이 나에게 가(加)하기를 원치 않는 것처럼 저도 남에게 가하지 않으려고 합니다."

조금 다르다

어디서 많이 본 듯한데?

주자는 이 장을 [안연], [위령공] 편과 같은 맥락에서 풀이한 거죠.

기 소 불 욕 물 시 어 인
己所不欲 勿施於人

자기가 원치 않는 바를 남에게 베풀지 말라.
- [안연] 2, [위령공] 23

아항~

이것은 칸트의 '정언명령'과 같은 것으로 훗날 〈대학〉의 '혈구지도'로 발전되었는데,

혈 구 지 도
絜矩之道

윗사람과의 관계에서 싫었던 것을 가지고 아랫사람을 부리지 말 것이며, 아랫사람과의 관계에서 잘못된 것을 가지고 윗사람을 섬기지 말라.
- 〈고본대학〉 14장

이 장은 그 이전에 형성된 것으로, 보다 소박한 형태로 해석할 필요가 있습니다.

혈 구
絜矩 — 곱자
헤아리다

자기의 처지로 미루어 남의 처지를 헤아린다.

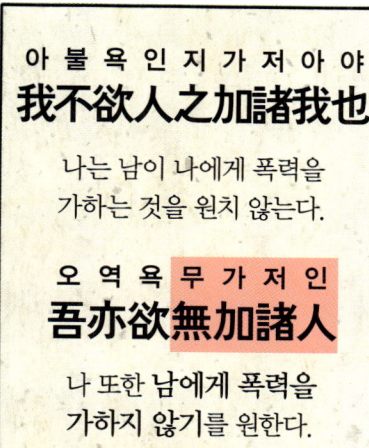
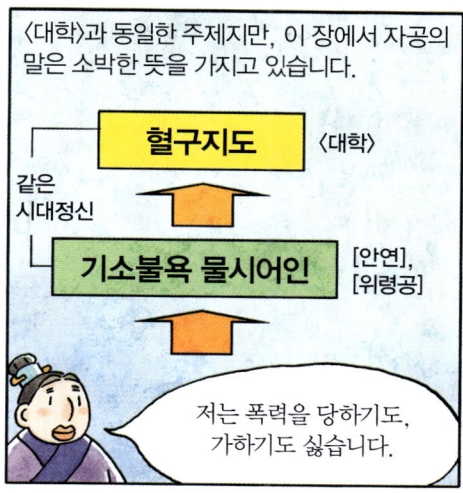
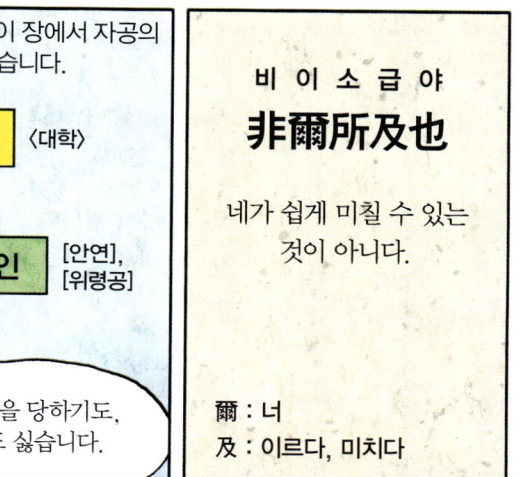

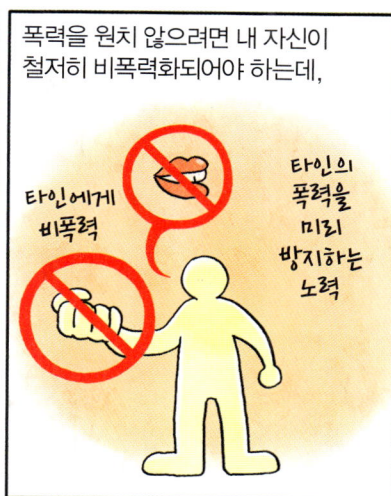

5-12 子貢曰："夫子之文章, 可得而聞也;
자공왈   부자지문장   가득이문야

夫子之言性與天道, 不可得而聞也."
부자지언성여천도   불가득이문야

자공이 말하였다.
"선생님의 문장은 얻어들을 수 있으나,
선생님께서 인간의 본성과 천도를 말씀하시는 것은
얻어들을 수가 없다."

1~11장이 공자가 주변의 친근한 제자들을 평한 이야기라면, 12장은 자공이 공자에 대해 말하고 있는데

분위기는 마치 자공이 훗날 스승 공자를 회상하면서 한 이야기 같습니다.

그러나 공자와 자공은 문장과 성·천도가 명확히 구분되는 시대를 산 사람들이 아니었으므로

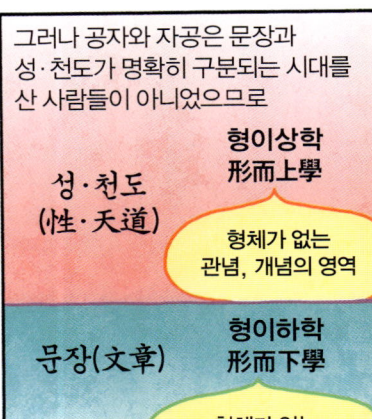

성·천도 (性·天道) — 형이상학 形而上學 / 형체가 없는 관념, 개념의 영역

문장 (文章) — 형이하학 形而下學 / 형체가 있는 구체적 사물의 영역

이 장은 후대의 학단에서 자공의 이름을 빌어 공자사상을 설명하고자 한 것일 가능성이 큽니다.

공자님의 사상은 머릿속으로 궁리하는 사상이 아니라

매우 구체적인 가르침일 뿐이다~!

부자지문장
夫子之文章

선생님이 말씀하시는 문장

章 : 규칙, 질서

문장이란 문(文)의 장(章), 즉 문화의 질서를 뜻합니다.

문(文) : 예(禮), 악(樂)
  　　　형(刑), 정(政)

문자로 전달되는 문화

공자에게 있어 문화란 문자를 통해 이루어지는 전통이요, 질서를 의미하죠.

문장
文章 : 음악, 〈시〉, 〈서〉 등 귀로 듣고 외우는 문화의 모든 것

먼저 귀로 듣고 익힌 다음, 문자로 기록

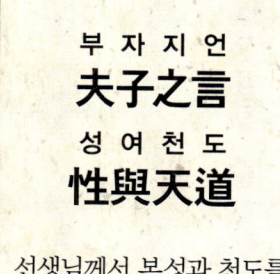
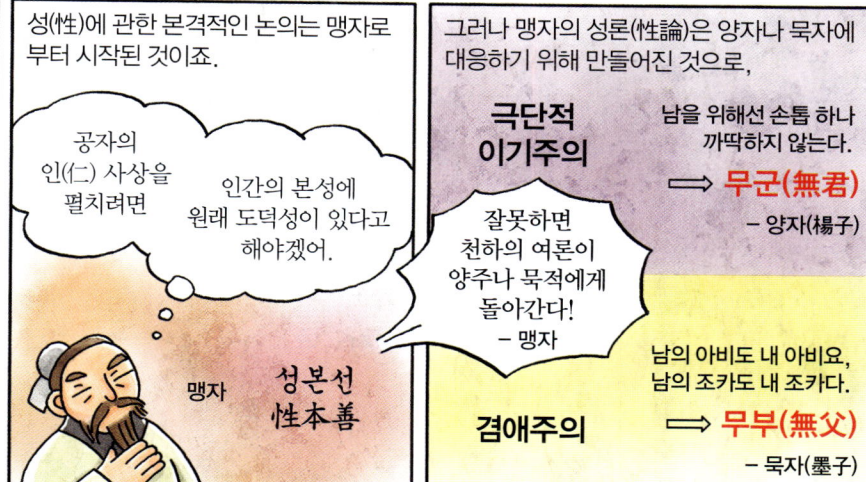
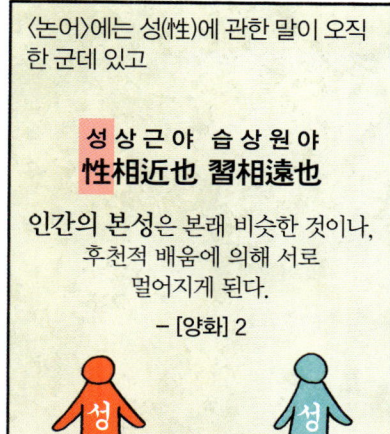
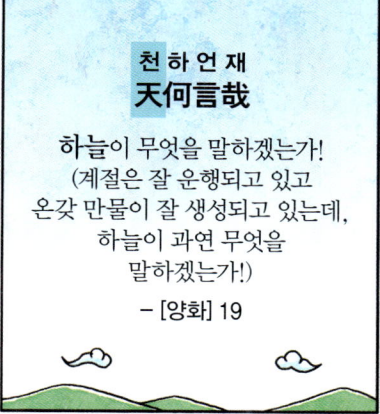

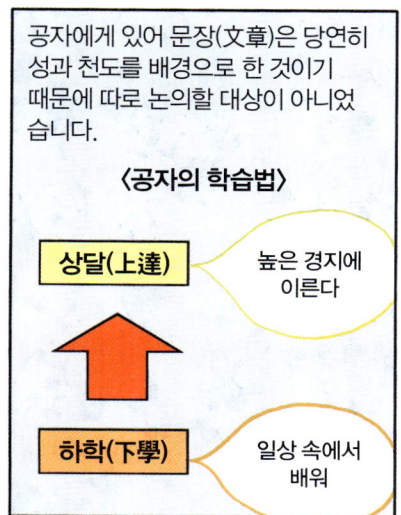

5-13 子路有聞, 未之能行, 唯恐有聞.
자로유문 미지능행 유공유문

자로는 좋은 가르침을 듣고 아직 미처 실행하지 못했으면, 행여 또 다른 가르침을 들을까 두려워하였다.

자로의 우직함과 진실함이 잘 나타나 있는 구절입니다. 자로에 대해 잘 아는 어떤 사람의 말을 기록한 것이죠.

자로는 강한 열정과 무서운 실천력을 가진 인물로,

오늘부터 매일 일기를 쓰도록 해라.

옙!

이런 인물은 대개 진실한 성품을 가졌으되 관심의 폭이 좁고 삶의 태도가 단순한 편이죠.

범순부의 해석이 자로를 더욱 가깝게 느껴지게 합니다.

자로는 좋은 말을 들으면 **그것을 행동으로 옮기는 데 용감하였다.** 문인들이 모두 그러한 면에서는 도저히 자로에 미칠 수 없다고 생각하였다.

자로의 실천력과 용기, 외골수의 의리 등은 일반 사람이 함부로 다가갈 수 없는 것이었죠.

그래서 이런 이야기가 쓰여진 것이다. 자로라면 진실로 그 **용기**를 제대로 썼다고 할 만하다.
— 범씨(范氏), 〈주자집주〉

이 장의 융통성 없는 코믹한 자로의 모습은 그가 복잡한 현실에 맞지 않는다는 걸 의미하는지도 모릅니다.

그러나 우리는 자로를 사랑할 수밖에 없습니다. 우직하게 실천하는 사람이 그리운 요즘 세상이니까요.

5-14

子貢問曰: "孔文子何以謂之 '文' 也?"
자공문왈　공문자하이위지문야

子曰: "敏而好學, 不恥下問, 是以謂之 '文' 也."
자왈　민이호학　불치하문　시이위지문야

자공이 여쭈어 말씀드렸다.

"공문자(孔文子)를 어찌하여 '문(文)'이라 시호하였습니까?"

공자께서 말씀하셨다.

"영민한 사람인데도 배우기를 좋아하였으며, 아랫사람에게 묻는 것을 부끄럽게 여기지 않았다. 이런 까닭으로 '문'이라 일컬은 것이다."

이 장부터는 분위기가 바뀌어 당대의, 혹은 과거의 유명 인사들에 대한 공자의 평이 주로 실려 있습니다.

인물평

공문자는 위나라 영공(靈公)의 사위로,

이름: 공어

위령공 — 딸
공문자 — 백희
　　　　아들
　　　　공회

자로가 공회를 섬기다 최후를 맞이한 이야기는 〈도올만화논어〉 1권에 나와 있죠.

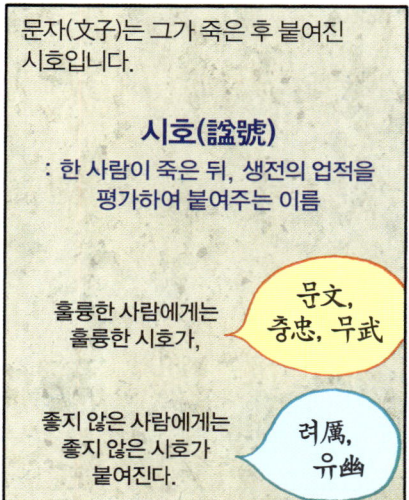

문자(文子)는 그가 죽은 후 붙여진 시호입니다.

시호(諡號)
: 한 사람이 죽은 뒤, 생전의 업적을 평가하여 붙여주는 이름

훌륭한 사람에게는 훌륭한 시호가,

文문, 忠충, 武무

좋지 않은 사람에게는 좋지 않은 시호가 붙여진다.

厲려, 幽유

그중에서 문(文)이라는 시호는 최상에 속하는데,

文

천하를 다스리고 도덕이 두루 미치고 배움에 열심이고 백성을 사랑하였다.

① 문文　② 충忠　③ 무武

그런데 자공은 공문자에게 그 시호가 적당했는지 의문을 표시합니다.

제가 알기로는 '문'이라는 시호를 받을 만한 인물이 아니던데요?

공문자는 당시 부인이 있던 위나라의 태숙 질(疾)을 이혼하게 한 뒤 자신의 딸과 결혼시켰는데,

내 딸과 결혼하게!

공길

이혼

질

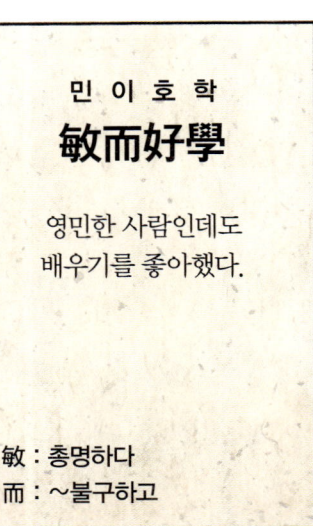

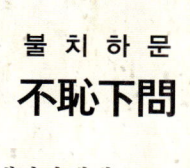

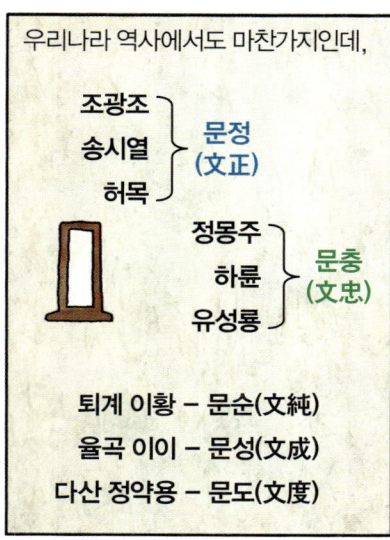
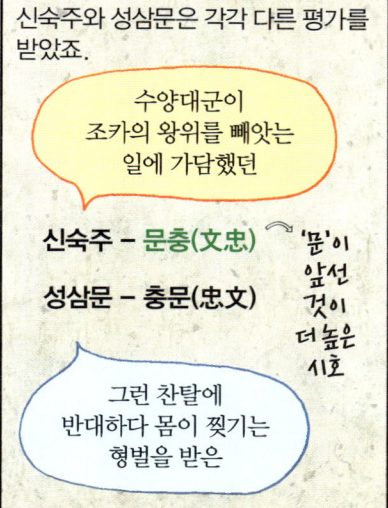

5-15 子謂子產,"有君子之道四焉:其行己也恭,其事上也敬,
자위자산 유군자지도사언 기행기야공 기사상야경

其養民也惠,其使民也義."
기양민야혜 기사민야의

恭 敬 惠 義

공자께서 자산을 평하여 말씀하셨다.

"군자의 도가 네 가지 있으니, 자기의 몸가짐이 공손하며, 윗사람을 섬김이 공경스러우며, 백성을 기름이 은혜로우며, 백성을 부림이 의로운 것이다."

자산은 정(鄭)나라 왕족 출신의 재상입니다.
정나라 목공(穆公)의 손자였죠.

공자보다 1세대 빠른, 명망이 있는 정치가였습니다.

자산 (정자산)

이름 : 공손교 (BC 585-522)
정자산이 죽었을 때 공자 나이 30세

정나라는 노나라처럼 작은 나라였지만

진(晉)
정
초(楚)

두 대국 사이에 끼인 자산은 박식과 웅변, 그리고 수완을 발휘하여 평화를 이뤄냈죠.

다음으로 악수 교환이 있겠습니다.

또한 자산은 경제개혁을 실시하고

농지를 정리해 세금을 정확하게 걷고

구부(丘賦)제 실시

농지 규모에 따라 군사세를 낸다.

중국 최초의 성문법도 만들었습니다.

BC 536년

형서 刑書

법조문

귀족들 반발

법을 문자로 남기면 귀족들에 의한 덕치주의가 사라진다구!

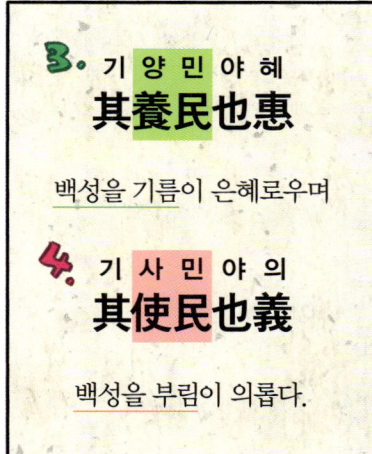

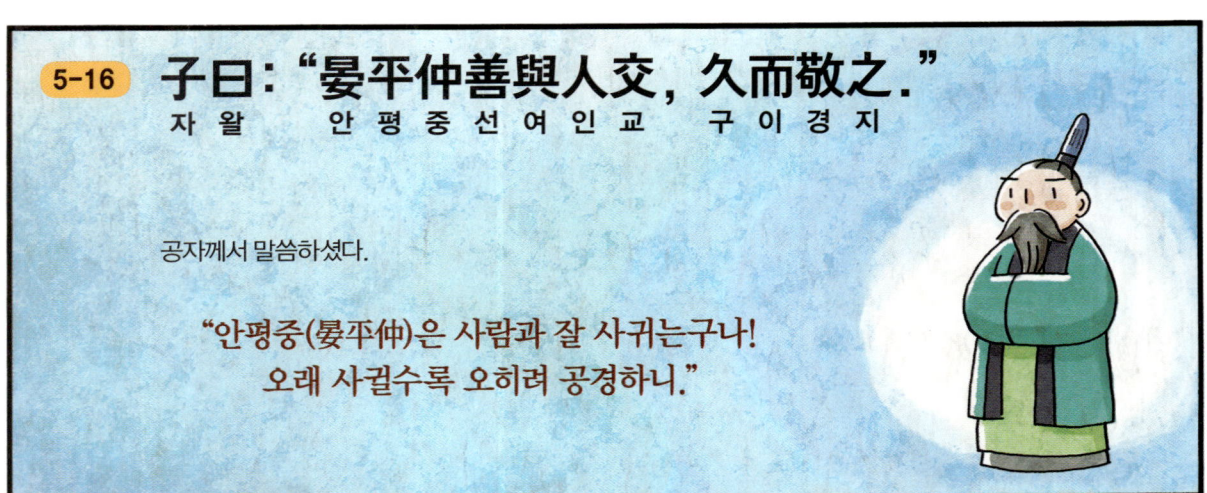

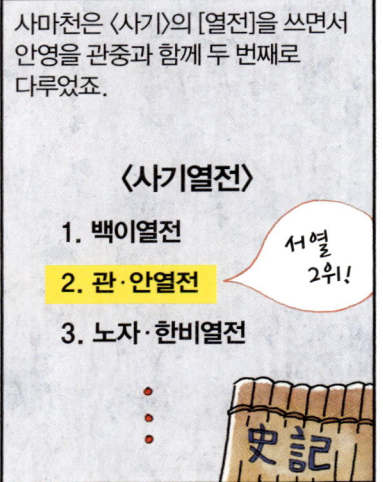

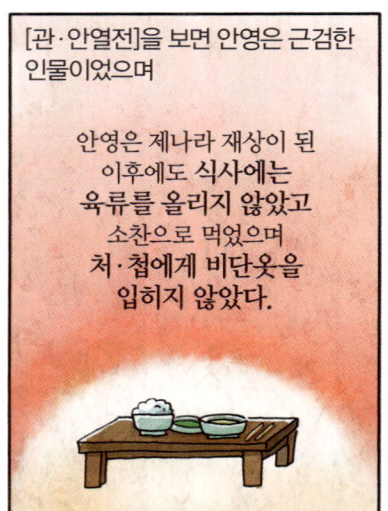

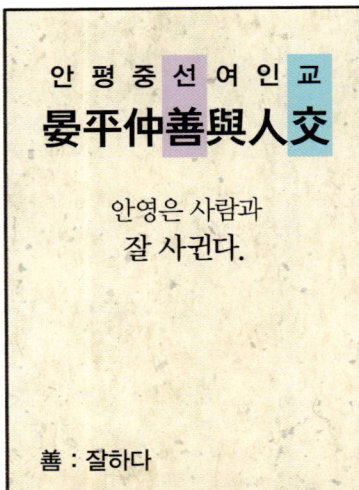
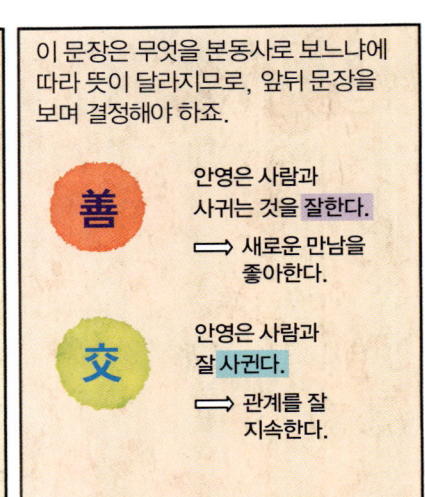
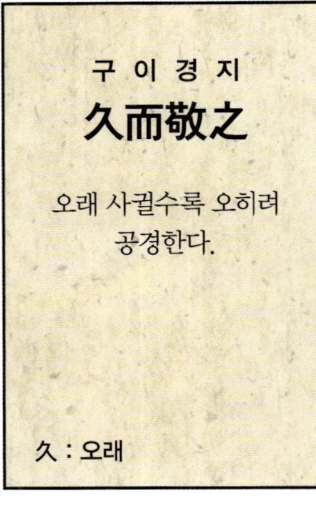

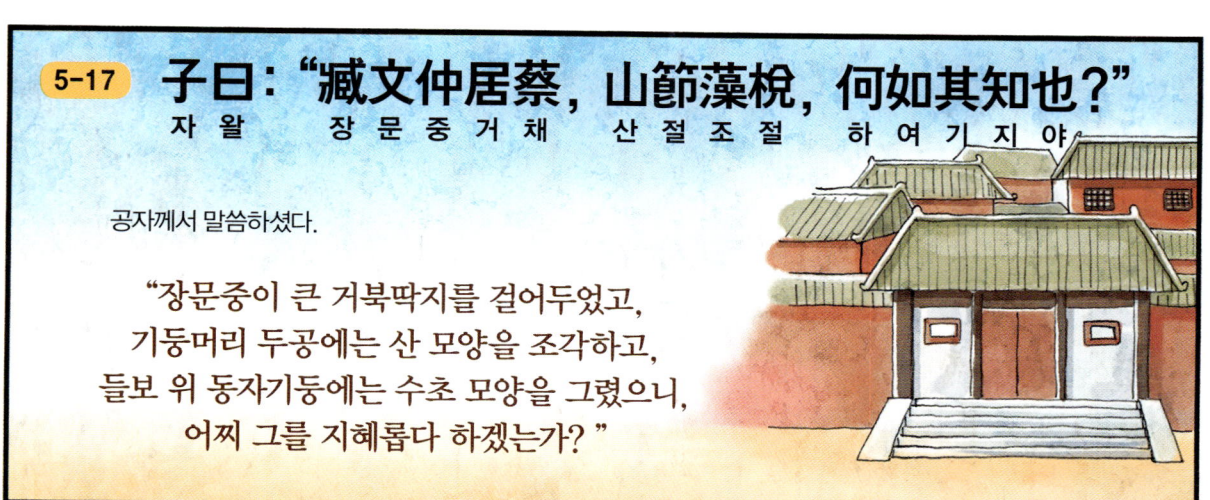

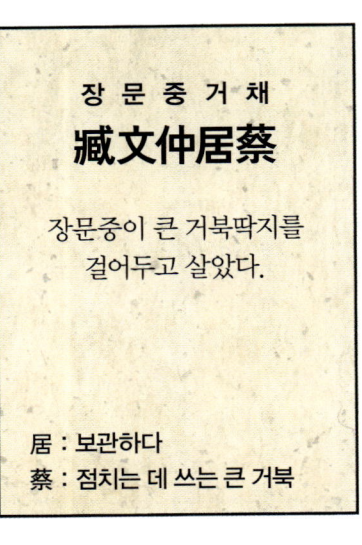
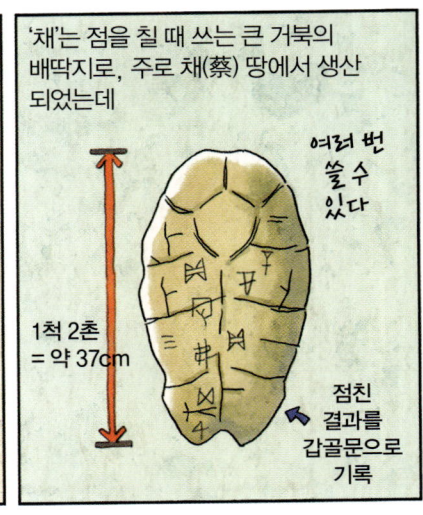

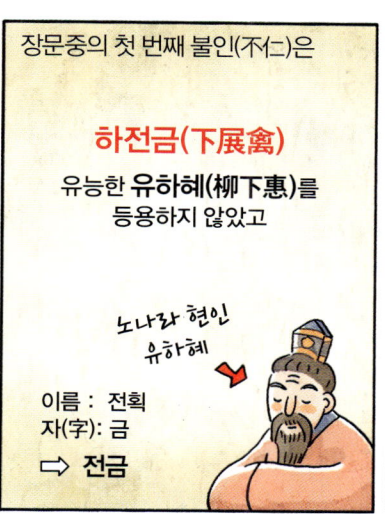

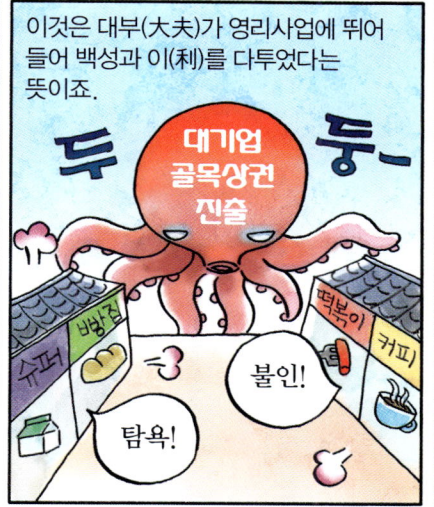
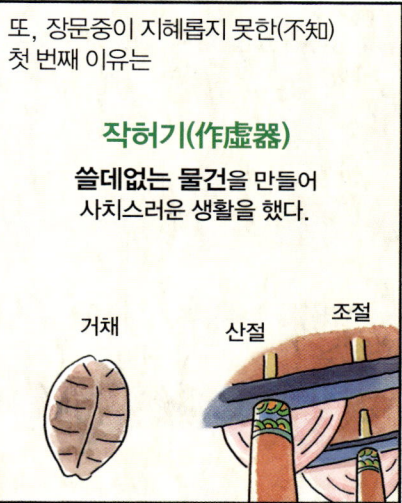

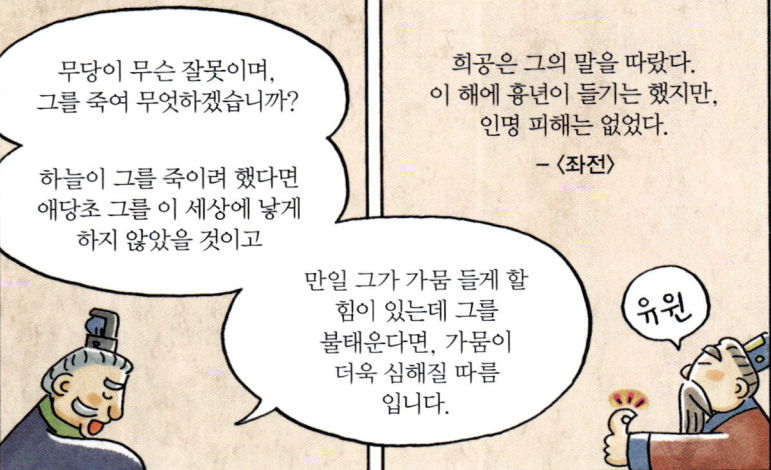

5-18 子張問曰:"令尹子文三仕爲令尹, 無喜色; 三已之, 無慍色;
자장문왈 영윤자문삼사위영윤 무희색 삼이지 무온색

舊令尹之政, 必以告新令尹. 何如?" 子曰:"忠矣."
구영윤지정 필이고신영윤 하여 자왈 충의

자장이 여쭈었다.

"영윤 자문이 세 번 벼슬하여 영윤이 되었는데도, 그때마다 기뻐하는 기색도 없었고, 세 번 벼슬을 그만두면서도 그때마다 서운해하는 기색도 없었습니다. 그리고 자신이 맡아보던 영윤의 정사를 반드시 새로 부임해온 영윤에게 상세히 알려주었습니다. 이만하면 어떠합니까?"

공자께서 말씀하셨다.

"충성스럽다 할 만하다."

曰:"仁矣乎?" 曰:"未知. 焉得仁?"
왈 인의호   왈   미지   언득인

자장이 다시 여쭈니

"인하다고 할 만합니까?"

공자께서 말씀하셨다.

"모르겠다. 어찌 인하다고까지야 말할 수 있으리오?"

"崔子弑齊君, 陳文子有馬十乘, 棄而違之. 至於他邦,
최자시제군   진문자유마십승   기이위지   지어타방

則曰:'猶吾大夫崔子也.' 違之.
즉왈   유오대부최자야   위지

자장이 또 여쭈었다.

"최자가 제나라 임금을 시해하자, 진문자는 말 10승을 소유하고 있었는데 이러한 부를 다 버리고 떠났습니다. 다른 나라에 이르러 말하기를, '이 나라 권력자들도 우리나라 대부 최자와 같다' 하고 떠나버렸습니다.

공야장제오(公冶長第五) 119

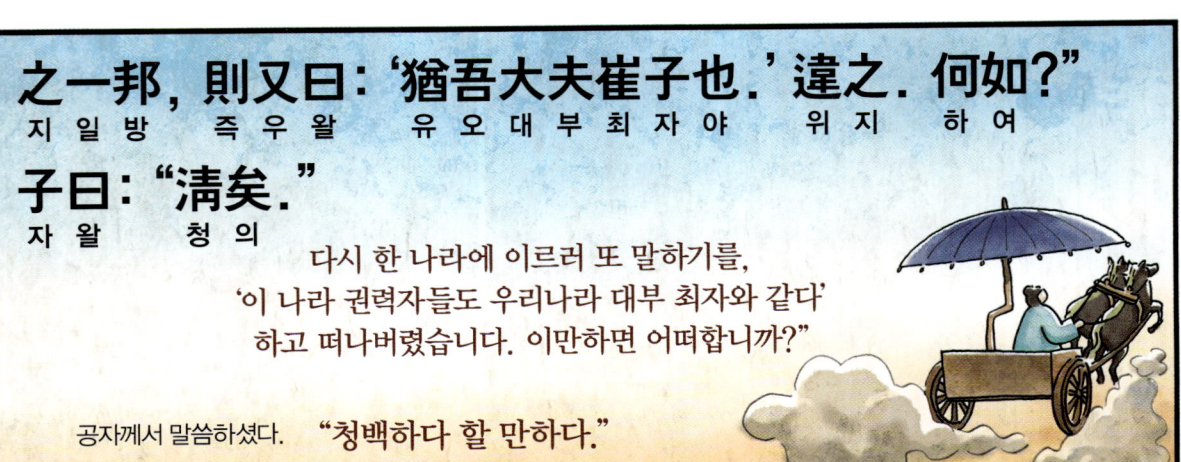

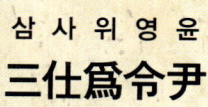
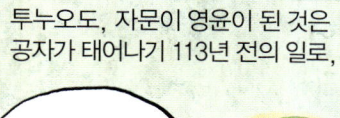
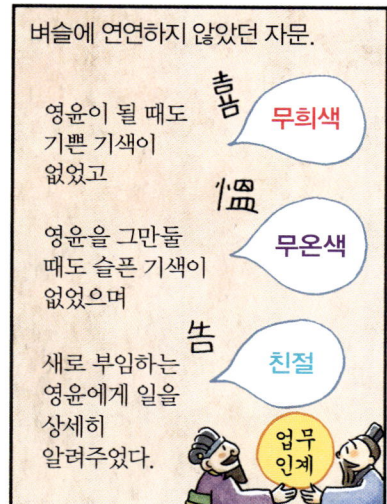

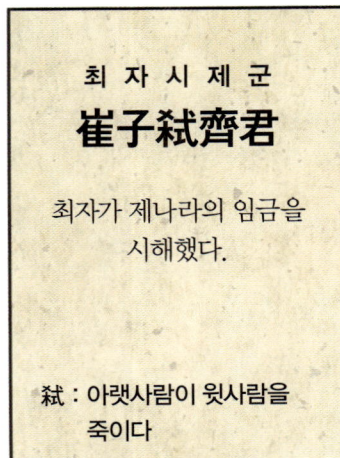

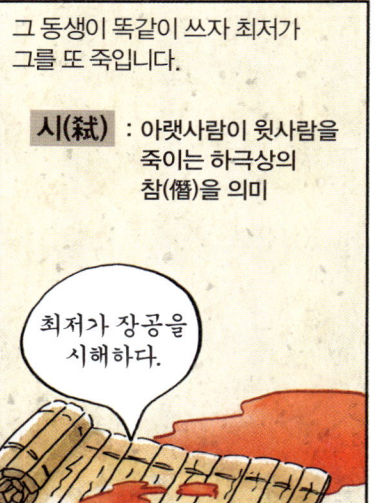

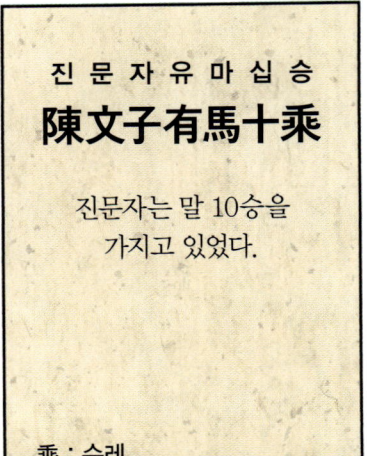

陳文子有馬十乘
진문자유마십승

진문자는 말 10승을 가지고 있었다.

乘 : 수레

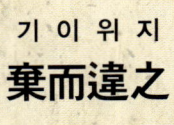

棄而違之
기이위지

버리고 떠나다.

棄 : 버리다
違 : 떠나다

타협을 모르는 깨끗한 삶의 자세만 가지고 인하다고 할 수는 없죠. 인간이 더러울 때는 더럽게 될 줄도 알아야 합니다.

누가 능히 **자기를 흐리게 만들어** 더러움을 가라앉히고 물을 맑게 할 수 있겠는가?
- 〈노자〉 15장

그런데 〈좌전〉에는 진문자가 그 이후에도 계속 제나라 정치에 참여한 기록이 나옵니다.

진문자가 제나라를 떠났던 것은 장공 시해 직후 짧은 시간뿐이었으며 결국 돌아와 제나라에서 활약 했던 거죠.

5-19 季文子三思而後行. 子聞之, 曰："再, 斯可矣."
계 문 자 삼 사 이 후 행   자 문 지   왈   재   사 가 의

계문자(季文子)는 세 번 곰곰이 생각한 뒤에야 행동하였다.

공자께서 이 말을 들으시고 말씀하셨다.

"두 번이면 충분하다."

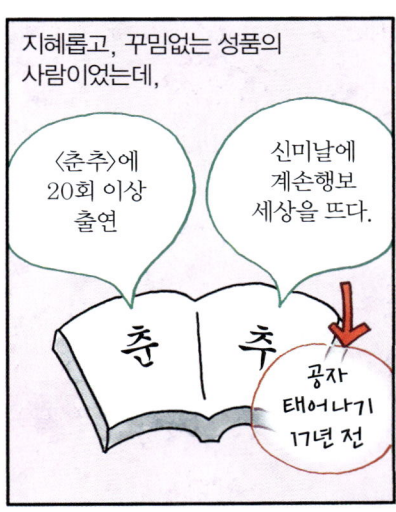

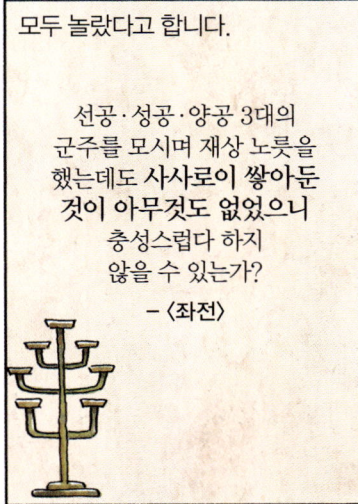

공야장제오(公冶長第五) 125

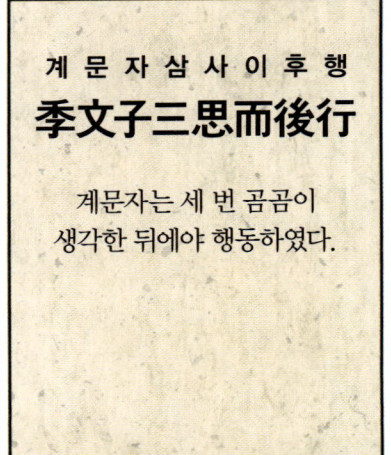
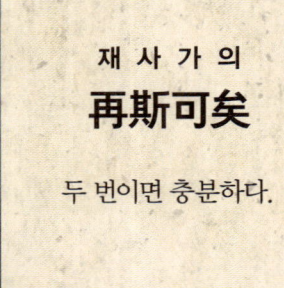
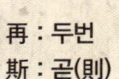

5-20 子曰: "甯武子, 邦有道, 則知; 邦無道, 則愚.
자왈   영무자 방유도 즉지 방무도 즉우

其知可及也, 其愚不可及也."
기지가급야   기우불가급야

공자께서 말씀하셨다.

"영무자(甯武子)는 나라에 도가 있을 때는 지혜롭고,
나라에 도가 없을 때는 어리석었다. 그 지혜로움을 따를 수 있으나,
그 어리석음은 따르기 어렵다."

공야장제오(公冶長第五)

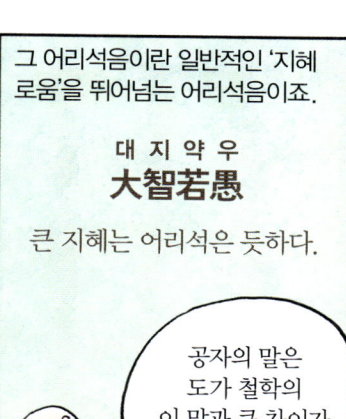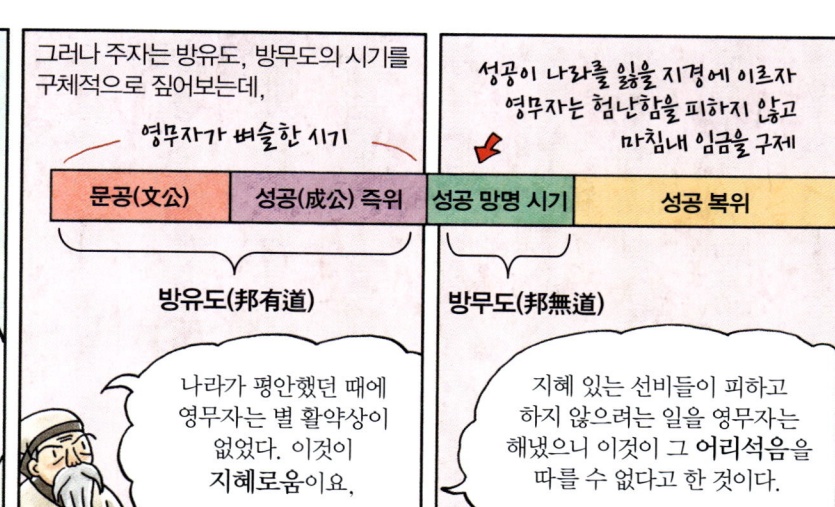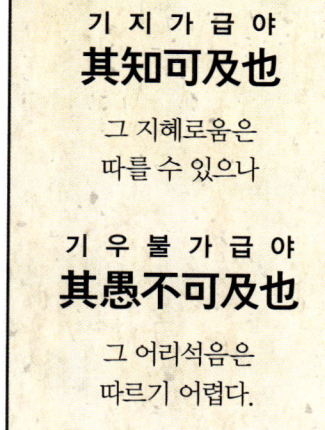

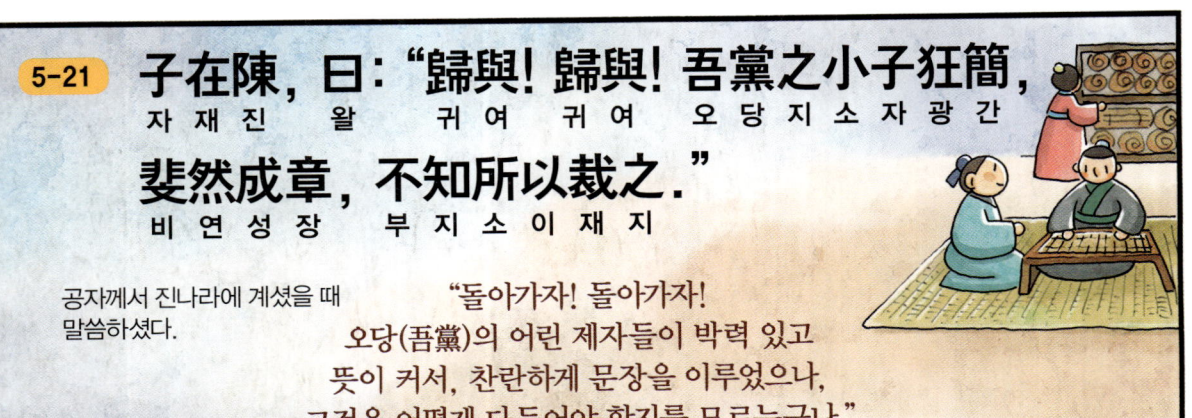

5-21
子在陳, 曰: "歸與! 歸與! 吾黨之小子狂簡,
자재진 왈 귀여 귀여 오당지소자광간

斐然成章, 不知所以裁之."
비연성장 부지소이재지

공자께서 진나라에 계셨을 때 말씀하셨다.

"돌아가자! 돌아가자!
오당(吾黨)의 어린 제자들이 박력 있고
뜻이 커서, 찬란하게 문장을 이루었으나,
그것을 어떻게 다듬어야 할지를 모르는구나."

모든 교육자들의 가슴을 설레게 하는, 아주 멋진 말입니다.

문학적으로도 아주 아름다운 문장을 이루고 있습니다.

교육이란 시간을 요구하는 것으로, 한 계절이나 한 해, 단기간에 뿌리고 거두는 수확이 아닙니다.

백년지계(百年之計)
: 먼 장래까지 내다보고 세우는 계획

공자는 평생 배우고 가르쳤지만 그들의 성숙한 모습을 보기 전에 방랑의 길에 올라야만 했죠.

그리움…

[공자세가]의 기록에 따르면, 공자는 56세에 유랑 길에 올라 68세 때 노나라에 돌아오기까지 진나라에는 두 번 머물렀습니다.

陳

이 장의 배경은 아마도 두 번째 방문일 듯

계환자가 병상에서 아들 계강자에게 유언을 했고,

내가 죽은 후에 너는 반드시 공자를 다시 불러야 한다.

예

계강자가 공자 대신 염구를 불렀다는 이야기는 앞서 나왔죠.

계강자 대부 공지어

공선생님을…

아니되옵니다.

그럼 염구라도…

- [팔일] 6

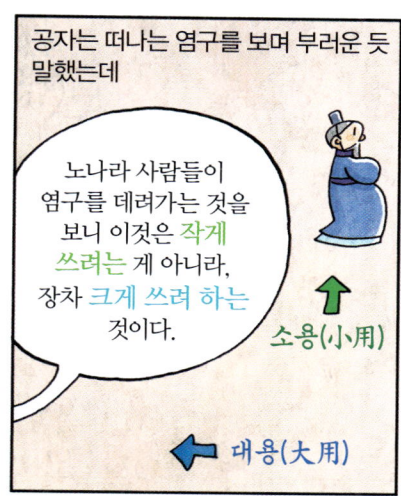

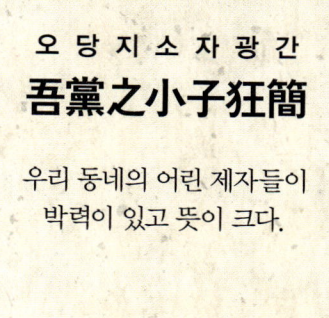

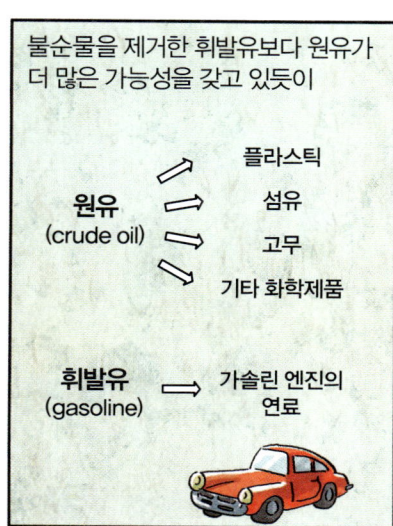

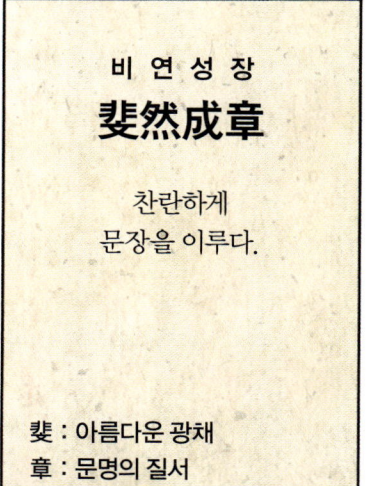

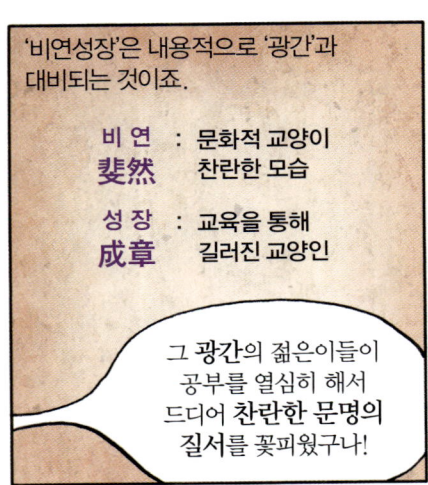
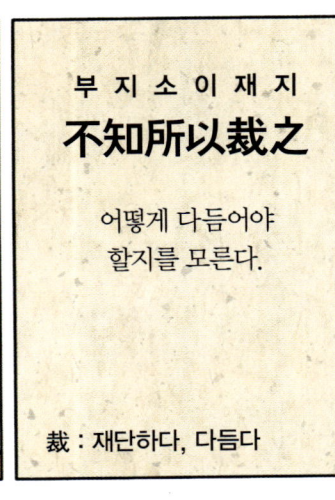

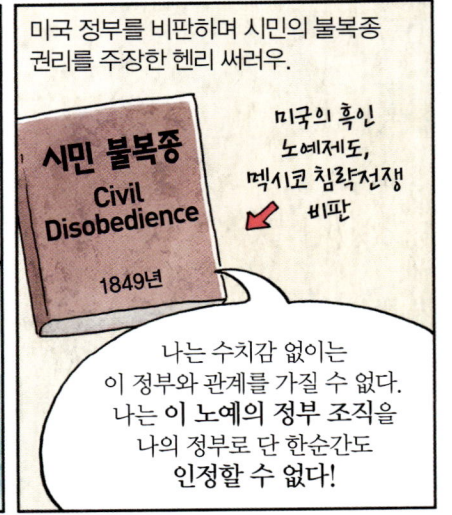

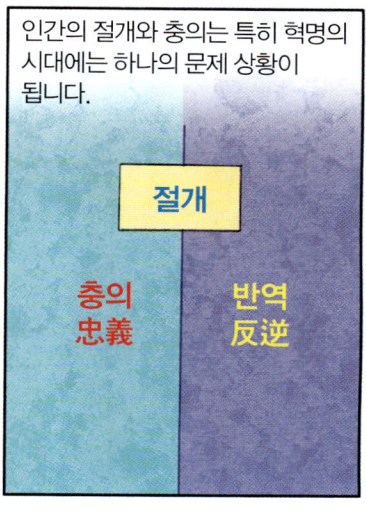

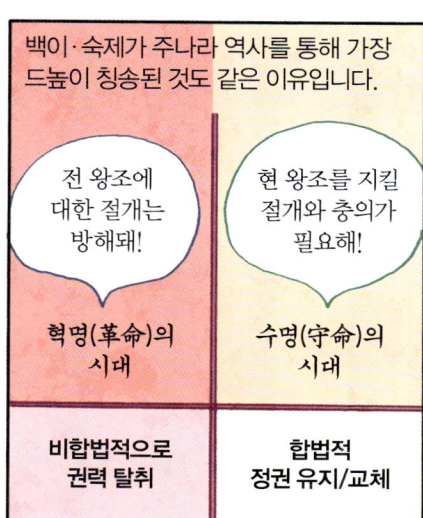

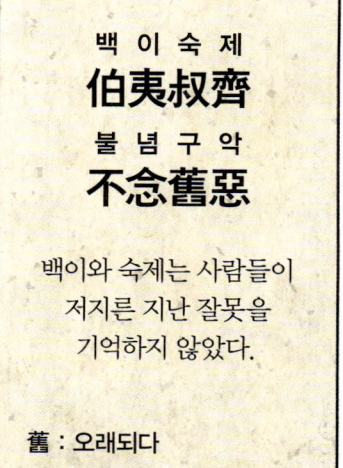

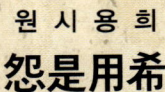

원 시 용 희
怨是用希

이 때문에 사람들로부터
원망을 사는 일이
거의 없었다.

是用 : 그러하기 때문에
希 : 드물다

백이와 숙제는 수양산에서 굶어 죽는 순간까지도 무왕의 악(惡)을 기억하지 않았을 겁니다.

그런데 사마천은 〈논어〉의 이 부분을 조금 다르게 해석하면서

백이·숙제는 남의 원한을 기억하고 있지 않기 때문에 남을 원망하는 일이 거의 없었다.
— [공야장] 22

정말 원망이 없었을까?

백이·숙제가 지었다는 시를 한 편 소개하죠.

저 산에 올라 고사리나 캐자꾸나,
폭력을 폭력으로 바꾸었네,
근본이 잘못된 것조차 깨닫지 못하니,
신농·우·하의 시대가 홀연히 사라지는구나.
이제 우리는 어디로 갈꼬?
아! 슬프도다. 죽음만이 우리를 기다린다.
스러질 뿐인 우리의 천명이여!

보라, 이 원망을!

칸트가 자신의 질문에 대한 해답을 신에게서 찾았듯이,

하느님의 실존을 요청!

→ 하느님이 영혼의 행복을 보장해주면 된다.

사마천은 [백이열전]의 끝부분에서 자신의 질문에 대한 해답을 찾습니다.

역사의 실존을 요청!

→ 역사에서 도덕성을 인정받은 사람들이 정직한 판단을 내려주면 된다.

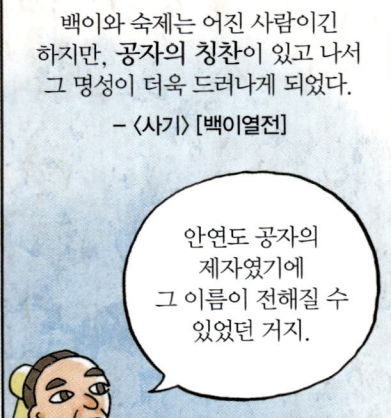

백이와 숙제는 어진 사람이긴 하지만, **공자의 칭찬**이 있고 나서 그 명성이 더욱 드러나게 되었다.
— 〈사기〉 [백이열전]

안연도 공자의 제자였기에 그 이름이 전해질 수 있었던 거지.

바로 공자가 백이·숙제에 대해 남긴 평가 때문에 이들이 역사에서 위대해졌다는 거죠.

이러한 역사적 판단이 쌓이면서 인간사회의 정의는 판가름이 난다는 겁니다.

사마천은 이 말을 인용하며 [백이열전]을 끝맺고 있습니다.

구름은 용을 따라 생기고,
바람은 범을 따라 일어난다.
그처럼 **성인**이 나타나면
이에 따라 **세상 만물의 모습이 모두 다 뚜렷이 드러나게 된다.**
— 〈주역〉 [건괘]

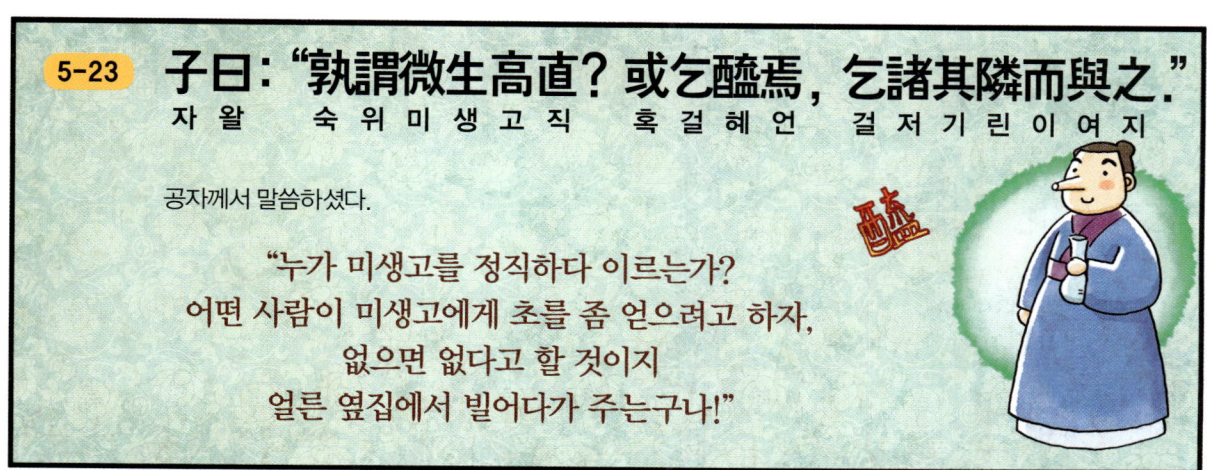

5-23 子曰:"孰謂微生高直? 或乞醯焉, 乞諸其隣而與之."
자 왈   숙 위 미 생 고 직   혹 걸 혜 언   걸 저 기 린 이 여 지

공자께서 말씀하셨다.

"누가 미생고를 정직하다 이르는가?
어떤 사람이 미생고에게 초를 좀 얻으려고 하자,
없으면 없다고 할 것이지
얼른 옆집에서 빌어다가 주는구나!"

미생고라는 사람은 공자가 살던 시대에 정직한 사람으로 평판이 높았던 것 같습니다.

아마도 공자와 한동네 살았던 사람이었던 듯한데

어라?

남의 것을 얻어다 빌려주네?

옛날, 집에 없는 것을 옆집으로 빌리러 다니는 것은 흔한 풍속이었죠.

혜(醯) = 식초(좀 귀했던 발효식품)

식초 있으면 좀 얻어가세.

우리도 마침 없는데…

아니, 잠시만 기다려 보게.

공자가 여기서 제자들에게 전하려고 했던 교훈은 무엇일까요?

정직(正直):
　　마음이 곧고 바르다

부정직(不正直):
　　마음이 곧고 바르지 못하며
　　속이는 태도가 있다

정말 고맙네.

식초 주인

생색

?

남에게 도움을 주고자 하는 마음은 좋은 것이지만, 무리하게 모든 부탁을 다 들어주려고 하다가는 '허위'가 생겨나게 되죠.

허위(虛僞): 실속 없이 겉으로만 꾸미는 헛된 위세

정말 부탁해도 돼?

최선을 다해 보겠네

부탁 의뢰
청탁 간청

공자는 바로 이렇게 체면만을 중시하는 유교의 선(善)의 허위의식을 경고하고 있습니다.

공자가 경계하는 것은 도덕성의 많고 적음이 아니라 **허위의식에 빠지는 것**이죠.

미생고를 평하는 공자의 모습에서 인간적인 미묘한 매력을 발견하게 됩니다.

공야장제오(公冶長第五)

5-24

子曰: "巧言、令色、足恭, 左丘明恥之, 丘亦恥之.
자왈　교언　영색　주공　좌구명치지　구역치지

匿怨而友其人, 左丘明恥之, 丘亦恥之."
익원이우기인　좌구명치지　구역치지

공자께서 말씀하셨다. "번지르르한 말, 꾸민 얼굴빛, 지나친 공손, 이것들을 좌구명이 부끄럽게 여겼는데, 나 또한 이를 부끄럽게 여기노라.

싫어하는 감정을 감추고 그 사람을 사귀는 것을 좌구명이 부끄럽게 여겼는데, 나 또한 이를 부끄럽게 여기노라."

이 장에 나온 좌구명은 〈춘추좌씨전〉의 저자와 이름이 같지만, 같은 인물은 아닙니다.

〈춘추좌씨전〉은 전국시대 중엽, BC 320년 전후에 성립한 것으로,

위(魏)나라의 사관(史官)으로 추측됨

좌구명 (左丘明)

〈춘추좌씨전〉
= 〈좌씨전〉
= 〈좌전〉

여기서 공자가 말하는 좌구명은 노나라의 현자로, 공자가 존경했던 인물인 듯합니다.

좌구명

노나라의 대부(?)

교언　영색　주공
巧言、令色、足恭

번지르르한 말,
꾸민 얼굴빛, 지나친 공손

足 : '지나치다'의 뜻일 때 '주'로 읽음

지나친 공손이나 겸손은 교언·영색과 서로 통하는 것입니다.

허위의식

지나친 겸손

꾸민 말과 얼굴빛

겉으로 겸손하고 공손해 보이는 사람이 그 내면은 자만과 무시로 가득 차 있을 수 있죠.

점잖고 겸손하군.

상대하기 귀찮으니까 적당히 넘어가자.

외면적 겸손

그러나 속을 알 수 없네.

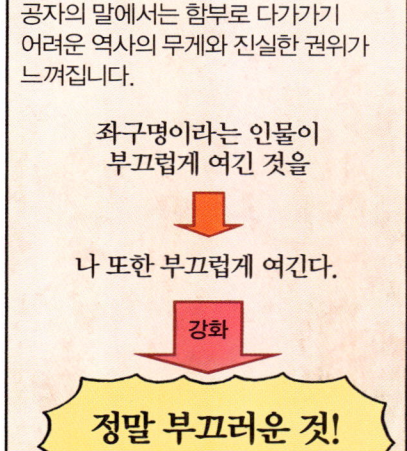

5-25 顔淵季路侍. 子曰：" 盍各言爾志?"
안 연 계 로 시　 자 왈　　합 각 언 이 지

안연과 자로가 공자를 모시고 있었다.
공자께서 말씀하셨다.

> 제각기 품고 있는 뜻을 한번 말해보지 않으련?

子路曰：" 願車馬衣輕裘與朋友共敝之而無憾."
자 로 왈　　원 거 마 의 경 구 여 붕 우 공 폐 지 이 무 감

顔淵曰：" 願無伐善, 無施勞."
안 연 왈　　원 무 벌 선　　무 시 로

자로가 말하였다.　　　　　　　　　　　　안연이 말하였다.

> 원컨대, 수레와 말, 윗도리와 값비싼 가벼운 가죽 외투를 친구와 함께 쓰다가, 다 해지더라도 유감이 없고자 합니다.

> 원컨대, 잘함을 자랑치 아니하고, 공로를 드러내지 않고자 합니다.

子路曰：" 願聞子之志." 子曰：" 老者安之, 朋友信之, 少者懷之."
자 로 왈　　원 문 자 지 지　　자 왈　　노 자 안 지　　붕 우 신 지　　소 자 회 지

자로가 말하였다.　　　　　　　　　　　　공자께서 말씀하셨다.

> 이제는 선생님의 뜻을 듣고자 합니다.

> 늙은이로부터는 편안하게 느껴질 수 있으며 친구로부터는 믿음직스럽게 여겨지며, 젊은이로부터는 그리움의 대상이 되는 그런 인간이 되고 싶다.

공야장제오(公冶長第五)

盍各言爾志
합 각 언 이 지

너희들이 각각
품고 있는 뜻을
말해보지 않을래?

盍 : 어찌 ~않는가(何不)
爾 : 너, 너희들
志 : 삶에서 추구하는 이상

願車馬衣輕裘與朋友共
원 거 마 의 경 구 여 붕 우 공

수레와 말, 윗도리와
가벼운 가죽 외투를 친구와
함께 쓰기를 원한다.

願 : 원하다
裘 : 갖옷(안감을 짐승의 털가죽으로
댄 옷)

敝之而無憾
폐 지 이 무 감

그것이 다 낡아 빠져도
유감이 없다.

敝 : 해지다,
낡아서 닳다

존경하는 선생님이 너의 꿈을 말해보라고 하면 아마도 보통의 학생들은 이렇게 말할 겁니다.

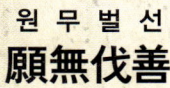

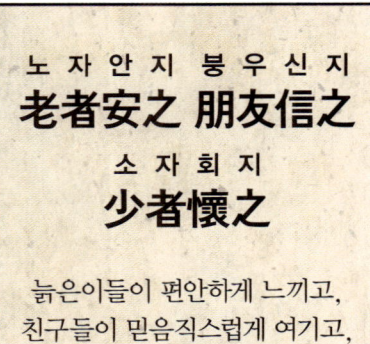

노 자 안 지 　붕 우 신 지
老者安之 朋友信之
소 자 회 지
少者懷之

늙은이들이 편안하게 느끼고,
친구들이 믿음직스럽게 여기고,
젊은이들이 그리워한다.

懷: 그리워하다

이러한 모습이야말로 더할 나위 없이 높은 이상(理想)이 아닐 수 없습니다.

존재의 역사성

지나간 사람들로부터 편안하게 느껴지고 / 과거
같이 활동하고 있는 사람들로부터 믿음을 얻으며 / 현재
앞으로 올 사람들에게 그리움과 동경의 대상이 된다. / 미래

이 세 마디야말로 공자의 이상을 나타낸 최고의 명언이죠.

그중 가장 저의 마음을 치는 구절은 '소자회지'입니다.

소자(少者) : 젊은이

인간은 늙습니다. 아무리 훌륭한 친구라도 같이 늙어만 가면 소용이 없죠.

죽음으로 함께 가는 동반자(?)

늙을수록 '늙음'이라는 자신의 환경을 깨뜨리는 젊음에 대한 동경이 필요합니다.

끝없는 배움! 새로운 도전!

사람이 늙어갈수록 젊은 후배들을 가슴에 품어주고, 발전할 수 있도록 도와줄 줄 알아야 하죠.

그리움의 대상

잊을 수 없어.

큰 도움을 주셨지.

공자는 70세가 넘어서도 20세 전후의 제자들 속에서 살았습니다.

많은 부분이 70세 전후의 공자가 20대 제자들과 대화한 기록

논어

'소자회지'의 삶을 실천했던 공자.

공자의 이 말대로 공자는 영원히 젊은 사람들이 그리워하는 인류의 스승이 되었습니다.

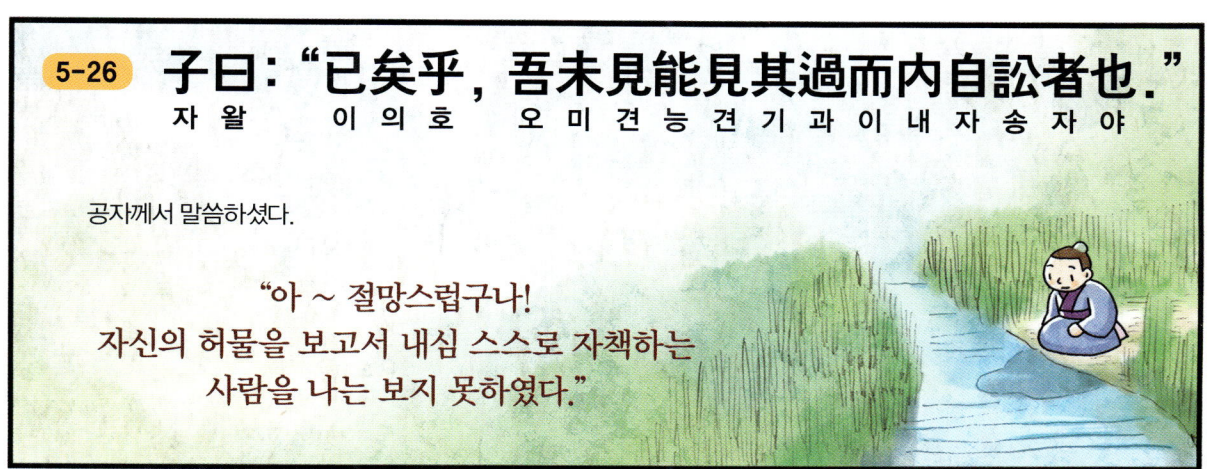

5-26 子曰: "已矣乎, 吾未見能見其過而內自訟者也."
자왈   이의호   오미견능견기과이내자송자야

공자께서 말씀하셨다.

"아 ~ 절망스럽구나!
자신의 허물을 보고서 내심 스스로 자책하는
사람을 나는 보지 못하였다."

[공야장] 전체를 통해 다른 사람에 대한 평을 하던 공자가 이 장과 마지막 장에서는 자신에 대한 독백을 하고 있습니다.

인간은 나이들수록 자신의 허물을 인정하고 고치기 어렵죠.

이 의 호
已矣乎

아~정말 이젠 다 틀렸구나!

깊은 탄식

자기의 허물을 발견하고 스스로 자책하는 인간을 만난다는 것은!

인간은 '내자송'할 줄 알아야 성인의 길에 들어설 수 있습니다.

내 자 송   = 내심 스스로
內自訟   자책하다

부끄러움을 깨닫다

내 탓이오.

공자가 내린 결론은 단순했죠.

위대한 인물들에 대해 일일이 평론한 끝에 알게 되었다.

허물이 있어도 언제고 그것을 고칠 줄만 안다면, '성인'의 모습은 따로 그릴 필요가 없다.

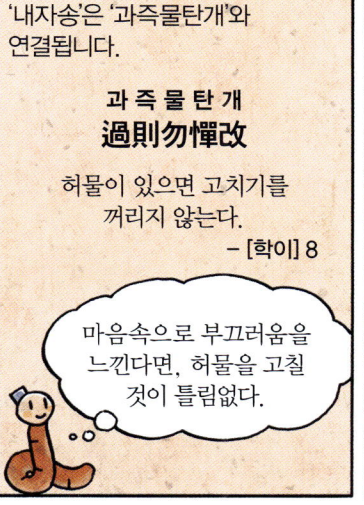

'내자송'은 '과즉물탄개'와 연결됩니다.

과 즉 물 탄 개
過則勿憚改

허물이 있으면 고치기를 꺼리지 않는다.
- [학이] 8

마음속으로 부끄러움을 느낀다면, 허물을 고칠 것이 틀림없다.

역사적 인물을 만난다는 것은 결국 이들의 장점과 단점을 보고 자신을 돌아보는 데 그 의미가 있는 것이죠.

역사의 거울

5-27 子曰:"十室之邑, 必有忠信如丘者焉, 不如丘之好學也."
자왈 십실지읍 필유충신여구자언 불여구지호학야

공자께서 말씀하셨다.

"열 가호쯤 되는 조그만 마을에도 반드시 나와 같이 충직하고 신의 있는 사람은 있을 것이다. 그러나 나만큼 배우기를 좋아하는 사람은 없을 것이다."

〈논어〉 전체 중에서 제가 참으로 사랑하고 또 사랑하는 구절입니다.

'십실지읍'은 마을의 가장 작은 단위를 말하죠.

십실지읍
十室之邑

열 가구 정도가 옹기종기 모여 사는 작은 마을

그렇게 작은 마을에도 충직하고 믿을 수 있는 말을 하는 사람은 반드시 있을 겁니다.

군자의 핵심 덕목

충(忠)   신(信)

필유충신여구자언
必有忠信如丘者焉

나 구(丘)와 같이 충직하고 신의 있는 사람이 **반드시 있다.**

必有: 반드시 있다

충신한 사람이 훌륭하긴 하지만, 그것만으로 인간의 인간됨이 완성되는 것은 아니죠.

충·신의 울타리

인간은 반드시 충신함을 뛰어넘어 사리를 파악하는 보편적 안목을 길러야 합니다.

울타리

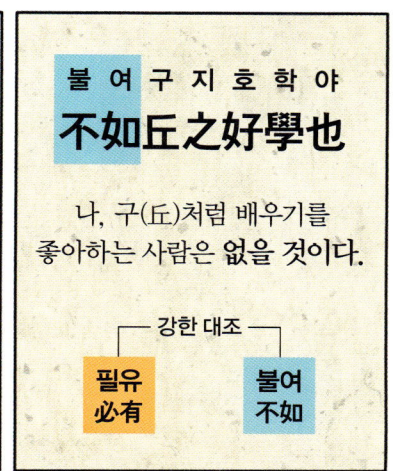

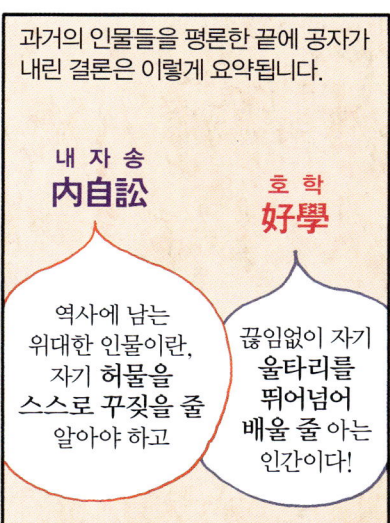

옹야제육(雍也第六)

6-1 子曰: "雍也, 可使南面." 仲弓問子桑伯子.
자왈   옹야   가사남면   중궁문자상백자

子曰: "可也, 簡."
자왈   가야 간

공자께서 말씀하셨다.

"옹(雍: 중궁의 이름)은 남면케 할 만하다."

중궁이 자상백자에 관해 여쭈었다.
공자께서 말씀하셨다.

"그의 간솔함은 괜찮다."

仲弓曰: "居敬而行簡, 以臨其民, 不亦可乎? 居簡而行簡,
중궁왈   거경이행간   이임기민   불역가호   거간이행간

無乃大簡乎?" 子曰: "雍之言然."
무내태간호   자왈   옹지언연

중궁이 말하였다. "자기는 공경함에 거(居)하면서 남에게 간솔하게 행동하고, 그렇게 백성들을 살핀다면 괜찮다고 할 만도 하겠지요? 그러나 자기도 간솔함에 거(居)하면서 남에게도 간솔하게 행동한다면, 그것은 지나치게 간솔한 것이 아니겠습니까?"

공자께서 말씀하셨다.

"옹의 말이 옳다."

염옹은 [공야장]편에 이미 나왔던 인물입니다.

염백우, 염구와 함께 '사과십철'에 든 염씨 집안 사람으로,

이름 : 염옹
(冉雍)
자(字) : 중궁
(仲弓)

공자보다 29세 연하

신분이 낮은 집안에서 태어나 잘나지 못한 아버지 슬하에서 자랐으며, 말재주가 없는 매우 투박한 사람이었죠.

수수(洙水)가에서 염색일 하는 집안

언용녕 焉用佞

옹은 인하기는 한데 말재주가 …

그놈의 말재주를 어디에 쓴다고!

- [공야장] 4

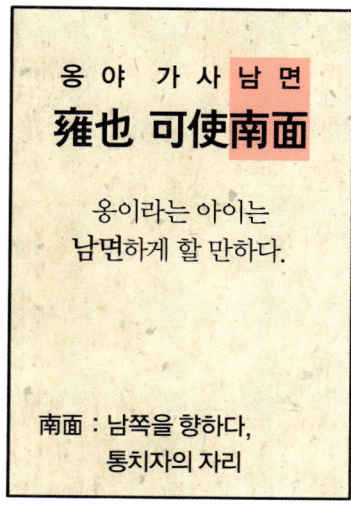

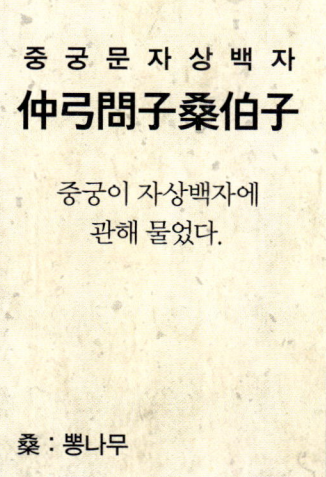

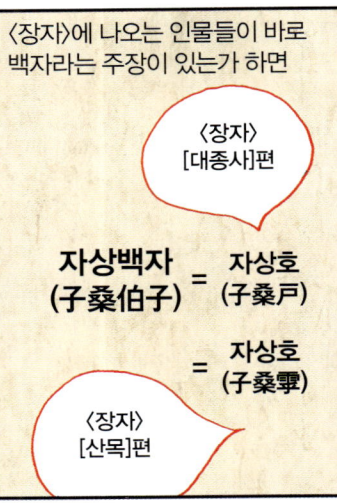

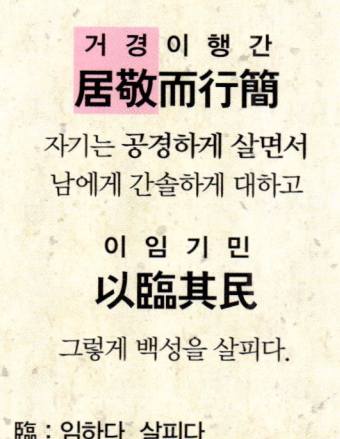

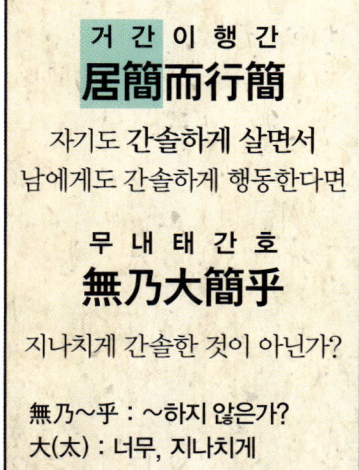

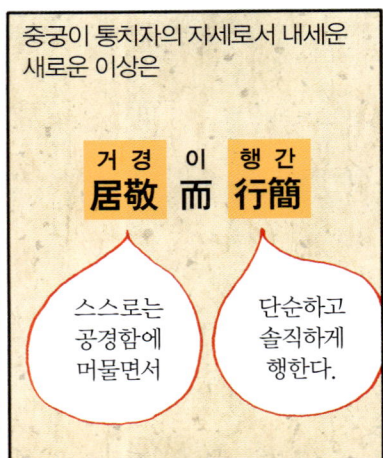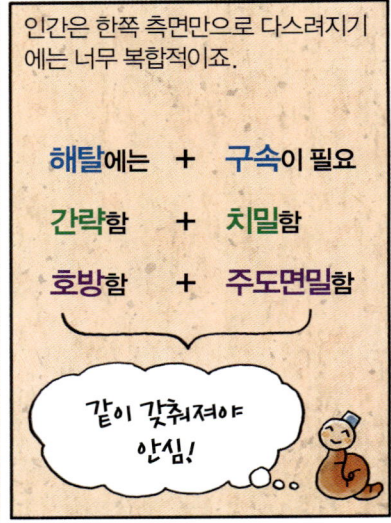

허풍이, 〈허풍이의 우주탐험〉, 윤승운

6-2 哀公問:"弟子孰爲好學?"
애공문   제자숙위호학

애공이 물었다.

"제자 중에서 누가 배우기를 좋아합니까?"

孔子對曰:"有顔回者好學, 不遷怒, 不貳過. 不幸短命死矣.
공자대왈   유안회자호학   불천노   불이과   불행단명사의
今也則亡, 未聞好學者也."
금야즉무   미문호학자야

공자가 대답하여 말하였다.

"안회(顔回)라는 아이가 있었는데,
배우기를 좋아하고, 노여움을 남에게 옮기지 않으며,
잘못은 두 번 다시 반복하는 적이 없었습니다.
그런데 불행하게도 명이 짧아 죽었습니다.
그가 지금은 이 세상에 없으니, 아직 배우기를 좋아한다
할 만한 자를 듣지 못하였습니다."

[공야장]편의 마지막을 장식했던 '호학'의 주제가 안회와 함께 애잔한 느낌으로 다시 펼쳐지고 있습니다.

[옹야]편은 대부분 공자 말년을 배경으로 하고 있죠.

애공은 공자 나이 58세 때 노나라 군주가 된 인물로,

2권 [위정]편에 이미 나왔죠.

당시 약 10세

이 대화는 공자가 노나라로 돌아온 이후 이루어진 겁니다.

공자 68세 이후

애공 20세 이후

옹야제육(雍也第六) 155

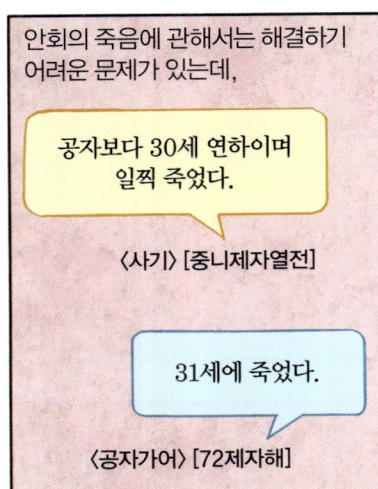

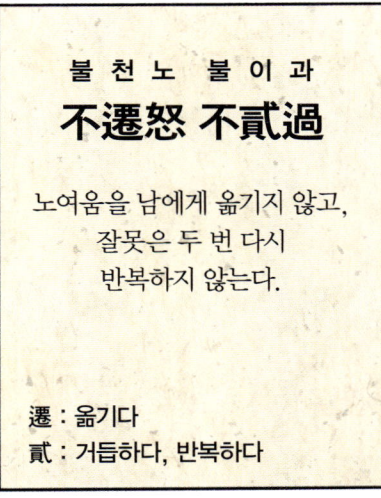

6-3A

子華使於齊, 冉子爲其母請粟. 子曰: "與之釜."
자화사어제　염자위기모청속　자왈　　여지부

請益. 曰: "與之庾."
청익　왈　　여지유

자화(子華: 공서화의 자字)가 제나라에 사신으로 갈 때였다. 염자(冉子)가 자화의 홀로 남을 어미를 위하여 곡식을 청하였다.

공자께서 말씀하셨다.

"한 말이나 주려무나."

더 많이 청하자, 말씀하셨다.

"그럼 한 가마 정도 주렴."

冉子與之粟五秉. 子曰: "赤之適齊也, 乘肥馬, 衣輕裘.
염자여지속오병　자왈　　적지적제야　　승비마　의경구

吾聞之也: 君子周急不繼富."
오문지야　군자주급불계부

그런데 염자는 곡식 다섯 섬을 내주고 말았다.

공자께서 내심 불쾌히 여겨 말씀하셨다.

"적(赤: 공서화의 이름)이 제나라로 가는데, 살찐 말 수레를 타고 가볍고 호사한 가죽옷을 입고 가는구나. 나는 들었지. 군자는 곤궁한 사람을 도와주어도 부유한 사람을 보태주는 짓을 하지 않는다고."

공서화는 외교적 수완이나 의례에 밝은 인물로서 이미 [공야장] 7에 나왔었죠.

예(禮)의 전문가

이름: 공서적 (公西赤)
자(字): 자화 (子華)
➡ 공서화

공자보다 42세 연하

자화사어제
子華使於齊

자화가 제나라에 사신으로 갔다.

使: 사신으로 가다

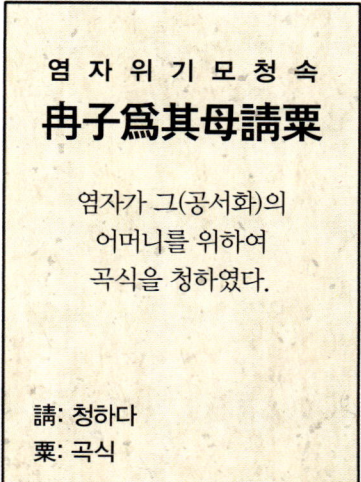

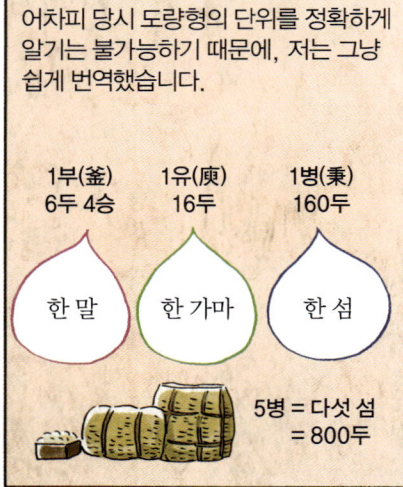

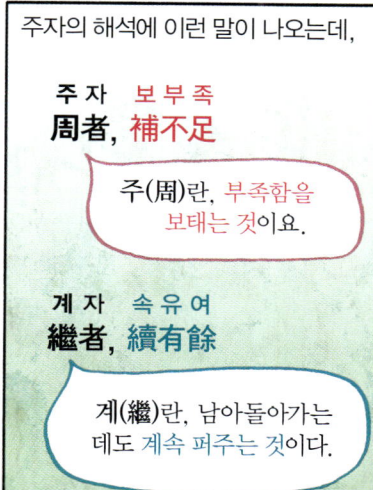

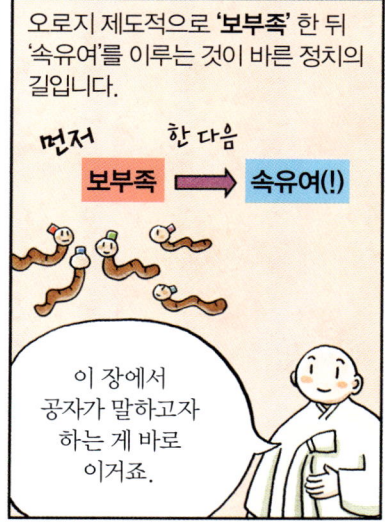

6-3B 原思爲之宰, 與之粟九百, 辭. 子曰: "毋! 以與爾鄰里鄕黨乎!"
원사위지재 여지속구백 사 자왈 무 이여이린리향당호

원사(原思)가 공자의 가재(家宰)가 되었다.
공자께서 그에게 곡식 900말의 봉록을 주려 하자, 그가 사양하였다.

공자께서 말씀하셨다.

"사양치 말라! 그것을 너의 이웃과
향당에 나누어주려무나."

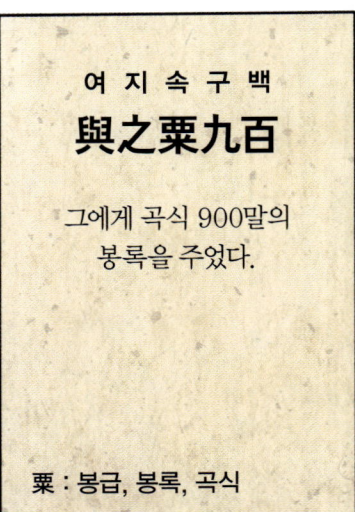

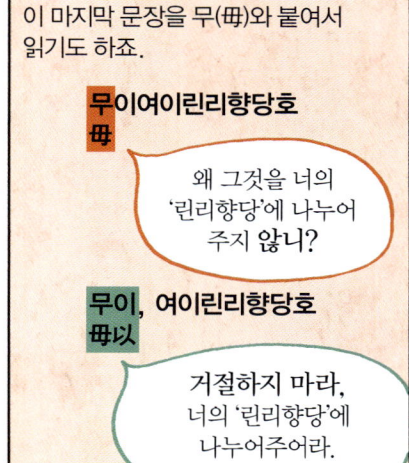

6-4 子謂仲弓曰: "犁牛之子, 騂且角, 雖欲勿用, 山川其舍諸?"
자 위 중 궁 왈　　리 우 지 자　성 차 각　수 욕 물 용　산 천 기 사 저

공자께서 중궁(仲弓)을 평하여 말씀하셨다.

"보통 황소의 새끼라도 털이 붉어 아름답고 각진 뿔이 웅장하다면 사람들이 제물로 쓰지 않고 내버려두어도, 산천의 하느님께서 어찌 그것을 내버려두겠느냐?"

1장에서 공자가 남면할 만하다고 평한 중궁(염옹)이 다시 나오고 있네요.

리 우 지 자
犁牛之子
보통 황소의 새끼

犁 : 황소, 얼룩소

이 말은 앞서 말했듯, 염옹이 천한 신분임을 의미합니다.

리우 : 황소, 얼룩소
(犁牛) 농사에 쓰는 소

염옹 아버지

예로부터 공가(公家)에서는 제물로 쓰는 특별한 소를 따로 길렀지만, 그 소가 모자랄 경우 민가에서 잘생긴 소를 뽑아서 제물로 썼죠.

성 차 각　각진 뿔
騂且角
털이 붉고　염옹

이러한 당대의 풍습에 비유한 공자의 말은 매우 감동적입니다.

공자는 신분의 귀천에 상관없이 오직 능력만으로 인재를 뽑아야 한다고 말하고 있는 거죠.

출신이 아무리 천해도 본인의 능력이 뛰어나다면

하늘인들 그 사람을 그냥 두겠는가?

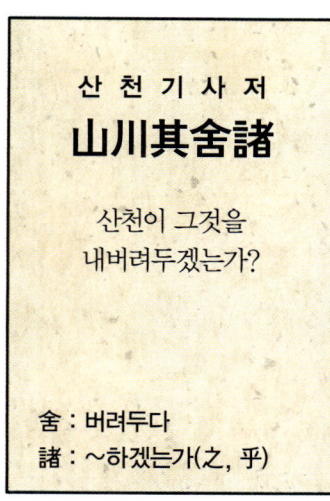

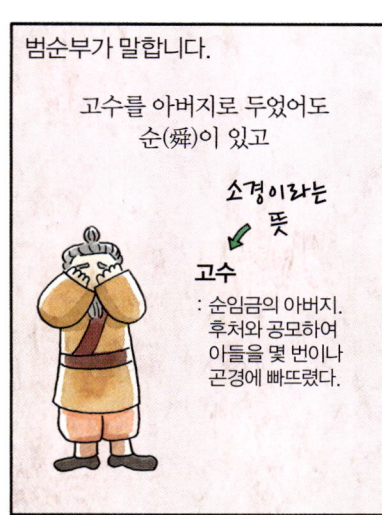

6-5 子曰: "回也, 其心三月不違仁, 其餘則日月至焉而已矣."
자왈   회야   기심삼월불위인   기여즉일월지언이이의

공자께서 말씀하셨다.

"안회는 말이다,
그 마음이 석 달 줄곧 인(仁)을 어기는 법이 없나니.
석 달이 지나도 날이면 날마다,
달이면 달마다 인(仁)한 채로 흘러갈 뿐이다."

대강의 뜻은 얼른 알아차릴 수 있으나, 주어가 확실하지 않아 해석의 여지가 많은 구절입니다.

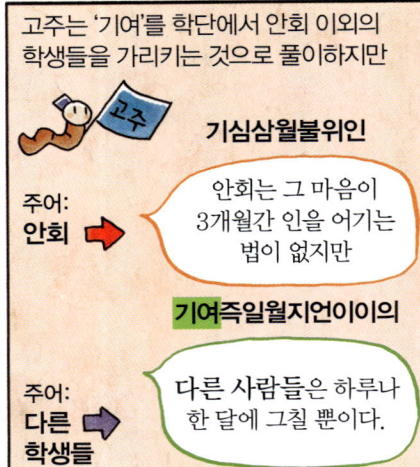

고주는 '기여'를 학단에서 안회 이외의 학생들을 가리키는 것으로 풀이하지만

기심삼월불위인
주어: **안회** → 안회는 그 마음이 3개월간 인을 어기는 법이 없지만

기여즉일월지언이이의
주어: **다른 학생들** → 다른 사람들은 하루나 한 달에 그칠 뿐이다.

신주는 앞뒤 문장 모두의 주어를 안회로 보고 있죠.

주어: **안회**
안회는 3개월 동안 인을 어기지 않을 수 있지만

그 한계를 넘어가면 하루에 한 번, 혹은 한 달에 한 번씩만 인에 도달할 뿐이다.

저는 조금 다르게 해석하는데

고주와 신주, 모두 좀 유치하죠.

특히 신주는 안회를 어느 정도 공자 아래에 두어야 한다는 생각이 강해 보입니다.

삼 개월은 긴 시간이죠.

기 여
其餘 : 3개월이 지나면

3개월만 정해진 규칙을 지킬 수 있다면 그 다음은 쉽고 자연스럽게 굴러가게 마련입니다.

그 다음은 말 그대로 '해와 달이 스스로 이를 뿐'이죠.

일 월 지 언 이 이 의
日月至焉而已矣

바퀴를 굴리기가 처음에는 어렵지만, 어느 단계를 지나면 힘 안 들이고 굴러가는 것과 같은 이치입니다.

6-6 季康子問:"仲由可使從政也與?"
계강자문　중유가사종정야여

子曰:"由也果, 於從政乎何有!"
자왈　유야과　어종정호하유

계강자가 여쭈었다.

"중유(仲由: 자로)는 정치를 맡길 만합니까?"

공자께서 말씀하셨다.

"유는 과단성이 있으니 정치하는 데 무슨 어려움이 있으리오?"

曰:"賜也可使從政也與?"
왈　사야가사종정야여

曰:"賜也達, 於從政乎何有!"
왈　사야달　어종정호하유

(계강자가 다시) 여쭈었다.

"사(賜: 자공)는 정치를 맡길 만합니까?"

(공자께서) 말씀하셨다.

"사는 사리에 통달했으니 정치하는 데 무슨 어려움이 있으리오?"

曰:"求也可使從政也與?"
왈　구야가사종정야여

曰:"求也藝, 於從政乎何有!"
왈　구야예　어종정호하유

(계강자가 다시) 여쭈었다.

"구(求: 염유)는 정치를 맡길 만합니까?"

(공자께서) 말씀하셨다.

"구는 다재다능하니 정치하는 데 무슨 어려움이 있으리오?"

옹야제육(雍也第六)

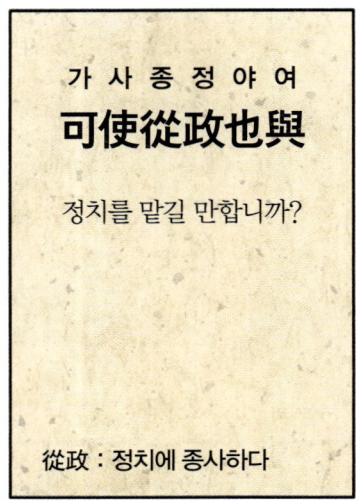

6-7 季氏使閔子騫爲費宰. 閔子騫曰:"善爲我辭焉.
계씨사민자건위비재　민자건왈　　선위아사언

如有復我者, 則吾必在汶上矣."
여유부아자　즉오필재문상의

계씨가 민자건(閔子騫)을 비읍의 읍재(邑宰)로 삼으려 하였다.
민자건은 심부름 온 사람에게 말하였다.

"나를 위해 말 좀 잘 해다오. 또다시 나를 부르러 온다면
나는 반드시 문수(汶水)가에 있을 것이다."

사과십철에 덕행으로 꼽힌 민자건이 처음 나오고 있습니다.

사과십철(四科十哲)
: 공자의 제자 중 덕행, 정치, 문학, 언어에서 뛰어난 열 사람

공자도 그의 효성을 칭찬했다고 하는데

이름 : 민손(閔損)
자(字) : 자건(子騫)
➡ 민자건

공자보다 15살 연하, 노나라 사람

공자학단에서 중후한 위치를 차지하는 고참 제자 중 한 사람이었을 겁니다.

〈논어〉 속에서 선생님(子)으로 불린 4인방

증삼 ➡ 증자(曾子) 14번
유약 ➡ 유자(有子) 3번
염구 ➡ 염자(冉子) 2번
민손 ➡ 민자(閔子) 2번

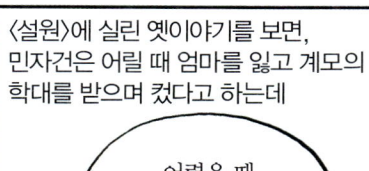

〈설원〉에 실린 옛이야기를 보면, 민자건은 어릴 때 엄마를 잃고 계모의 학대를 받으며 컸다고 하는데

어렸을 때 흔히 듣는 옛날 이야기의 전형적 패턴이죠.

신데렐라는 어려서…

그 사실을 안 아버지가 계모를 내쫓으려 하자 민자건이 말렸다죠.

아버지, 참으세요! 어머니가 계시면 저 혼자 외로울 뿐이지만, 어머니가 떠나시면 세 동생이 굶습니다.

또 민자건은 평소 말이 없고 신중했으나, 한번 말하면 반드시 도리에 맞았다고 합니다.

오래됐다고 무조건 부수고 새 건물을 짓는 일은 반대합니다!

- 〈설원〉

⬅ 전통을 사랑하는 보수적 성향의 검약한 남자

선위아사언
善爲我辭焉

나를 위해 말을
잘 해다오.

善 : 잘
辭 : 말씀, 말

즉오필재문상의
則吾必在汶上矣

나는 반드시 문수(汶水)
가에 있을 것이다.

汶 : 강 이름
上 : 가, 곁

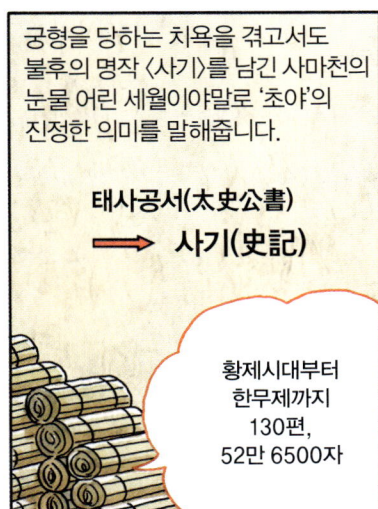
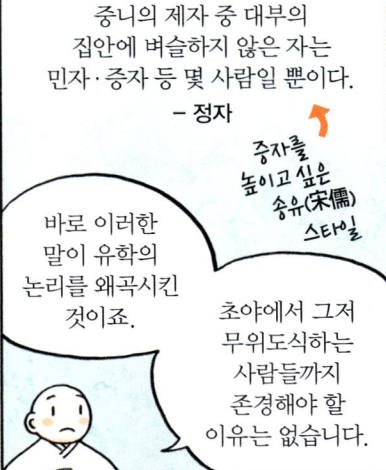

6-8 伯牛有疾, 子問之. 自牖執其手曰: "亡之, 命矣夫! 斯人也,
백우유질 자문지 자유집기수왈 망지 명의부 사인야

而有斯疾也! 斯人也, 而有斯疾也!"
이유사질야 사인야 이유사질야

백우가 몹쓸 병에 걸렸다.
공자께서 병문안을 가셨다.
방 안으로 들어가지는 않으시고
창으로 그 손만 잡으시고 말씀하셨다.

"맥이 없구나! 명이 다했구나!
이 사람이 이런 병에 걸리다니!
이 사람이 이런 병에 걸리다니!"

공자의 인품과 삶을 그대로 보여주는 다큐멘터리의 한 장면과도 같은 장입니다.

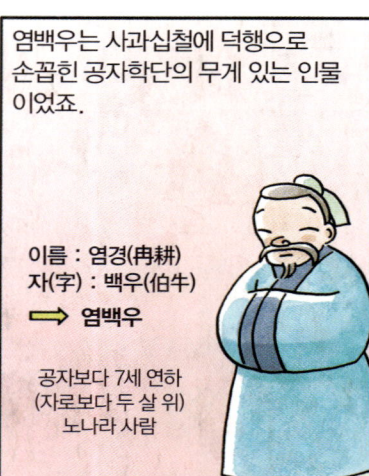

염백우는 사과십철에 덕행으로 손꼽힌 공자학단의 무게 있는 인물이었죠.

이름 : 염경(冉耕)
자(字) : 백우(伯牛)
➡ 염백우

공자보다 7세 연하
(자로보다 두 살 위)
노나라 사람

염백우는 불행히도 문둥병에 걸려 죽었습니다.

자 문 지
子問之

병문안을 가야겠다.

자 유 집 기 수 왈
自牖執其手曰

창문을 통해 그 손을 잡고 말씀하셨다.

自 : ~을 통해
牖 : 햇볕을 들이기 위해 벽에 내는 조그만 창문

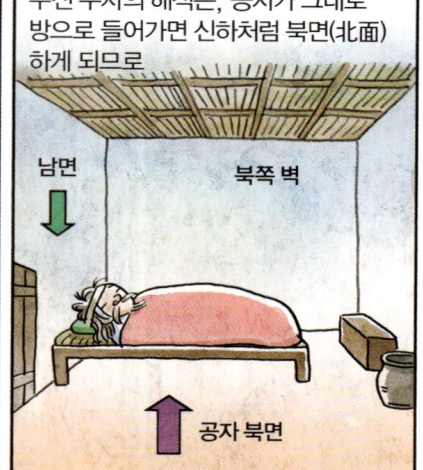

우선 주자의 해석은, 공자가 그대로 방으로 들어가면 신하처럼 북면(北面)하게 되므로

남면 ↓   북쪽 벽
↑ 공자 북면

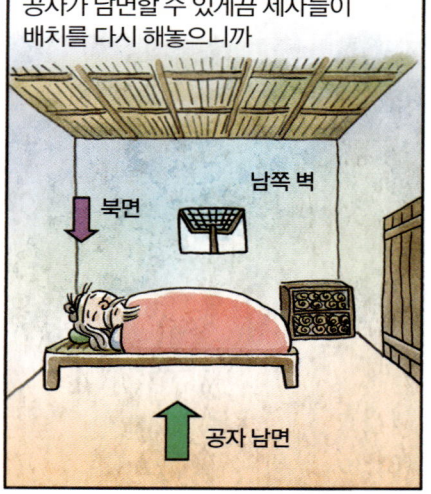

공자가 남면할 수 있게끔 제자들이 배치를 다시 해놓으니까

북면 ↓   남쪽 벽
↑ 공자 남면

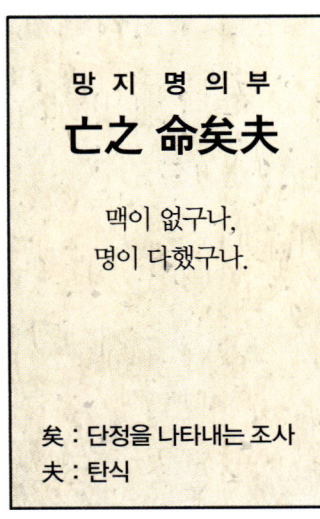

옹야제육(雍也第六)

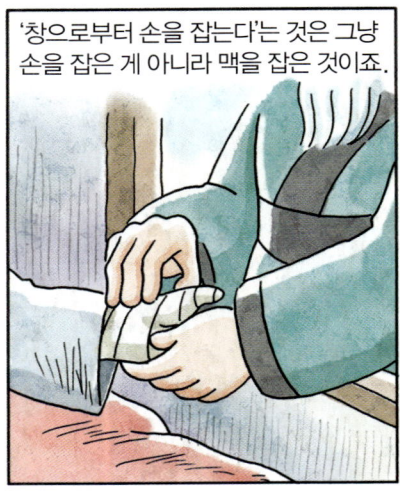

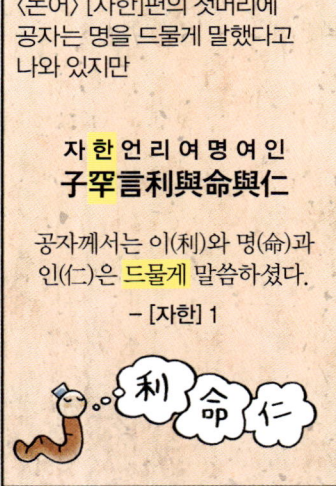

6-9 子曰: "賢哉! 回也. 一簞食, 一瓢飮, 在陋巷. 人不堪其憂,
자왈　현재　회야　일단사　일표음　재누항　인불감기우

回也, 不改其樂. 賢哉! 回也."
회야　불개기락　현재　회야

공자께서 말씀하셨다.
"훌륭하도다! 안회는.
한 소쿠리의 밥과 한 표주박의 청수로
누추한 골목에서 산다. 사람들은 그 근심을 견디지 못하건만,
안회여! 그는 그 즐거움을 바꾸지 않는도다. 훌륭하도다! 안회는."

한 인간에 대한 이 이상의 찬사는 없겠죠.

제자에 대한 사랑이 너무도 감동적으로 듬뿍 실려 있습니다.

일 단 사　일 표 음　재 누 항
一簞食 一瓢飮 在陋巷

한 소쿠리의 밥과
한 표주박의 물로
누추한 골목에서 산다.

簞 : 잘게 쪼갠 대나무를 엮어 만든 그릇
瓢 : 표주박을 반으로 쪼개 만든 바가지
巷 : 거리, 골목

이 장의 감상 포인트는 '그 근심'과 '그 즐거움'에 있죠.

기 우　기 락　현 재
其憂　其樂　賢哉!

그 근심, 누추함에서 즐거움을 발견할 줄 아는 그 현명함! 그 지혜!

각 나라의 지혜문학에도 이런 삶의 자세가 깃들어 있는데,

유대 지혜문학 — 욥기, 전도서 잠언, 아가서

인도 지혜문학 — 베다, 우파니샤드

이집트 지혜문학 — 타호텝의 교훈 메리카레의 교훈

안회는 장자가 말하는 선구적인 삶을 실천한 인물이었죠.

현재 세상의 가치 초월

장자(莊子)

안회는 군자라 할 만하지.

안회에 관한 모든 이야기는 실제 역사적 안회의 삶 속에서 나왔을 겁니다.

옹야제육(雍也第六)

6-10 冉求曰: "非不說子之道, 力不足也."
염구왈   비불열자지도   역부족야

子曰: "力不足者, 中道而廢, 今女劃."
자왈   역부족자   중도이폐   금여획

力不足
劃

염구가 말하였다.

"저는 선생님의 도(道)를 좋아하지 않는 것이 아닙니다. 힘이 달릴 뿐입니다."

공자께서 말씀하셨다.

"참으로 힘이 달리는 자는 중도라도 그만둘 수밖에 없다. 그러나 지금 너는 스스로 한계를 긋고 있을 뿐이다."

인간의 나태에 대한 매서운 비판을 담은 장입니다.

앞서 말했듯이 염구는 현실적이고 실제 업무에 능한 공무원 스타일이었죠.

요기까지 내 영역

이런 사람들이 삶의 지혜로 삼는 것은 스스로의 가능성과 주변 여건에 대해 한계를 긋는 것입니다.

역부족
力不足

될지 안될지 모르는 건 꿈도 꾸지 말자.

그러나 이런 행동으로는 인간의 삶이 본질적으로 나아질 수 없죠.

그저 주어진 일만 열심히~

중 도 이 폐
中途而廢

중간에 그만두다.

廢 : 폐하다, 그만두다

자신의 힘으로는 어쩔 수 없는 불가항력의 상황이라면 중간에 그만둘 수밖에 없지만

대원들의 안전을 위해 이번 도전은 포기한다.

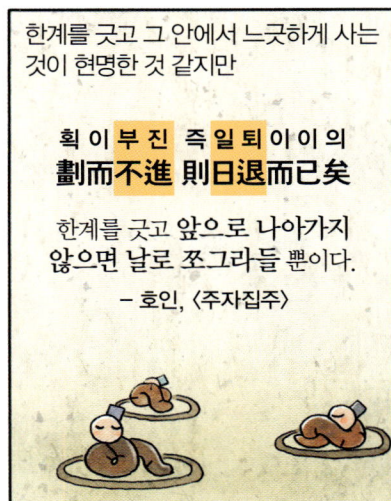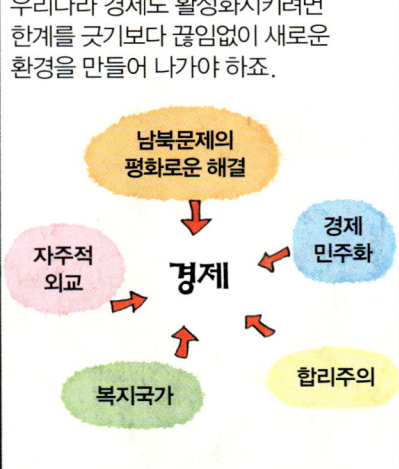

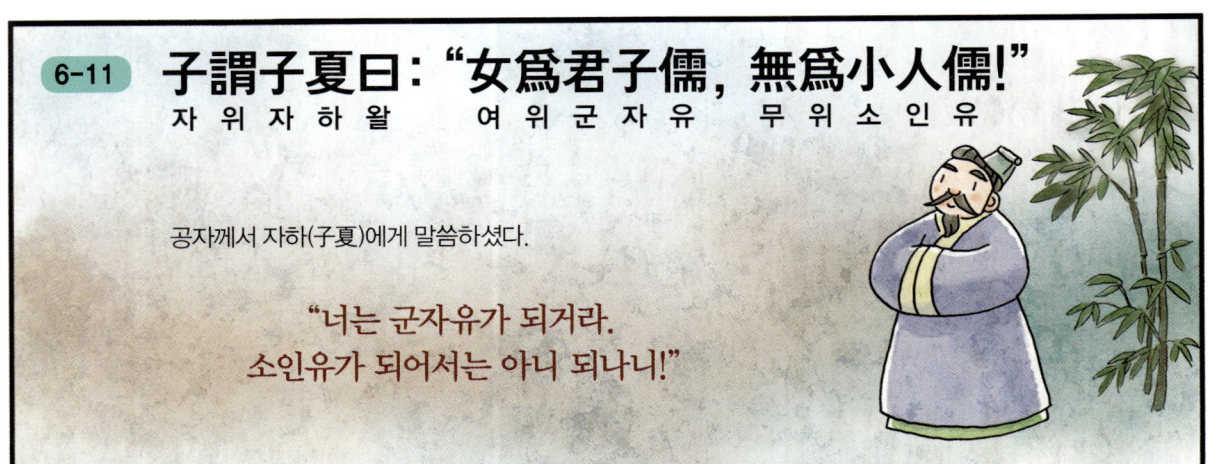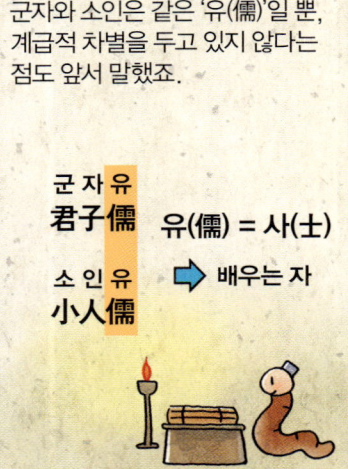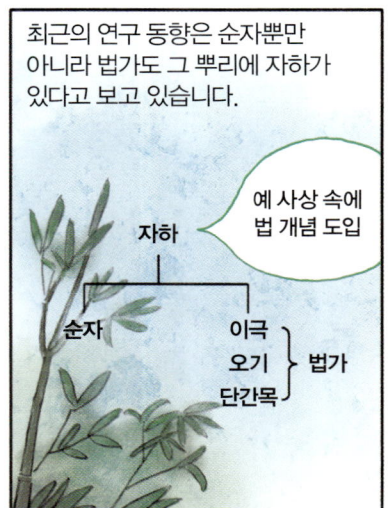

6-12 子游爲武城宰. 子曰: "女得人焉爾乎?" 曰: "有澹臺滅明者,
자유위무성재　자왈　　여득인언이호　　왈　유담대멸명자

行不由徑. 非公事, 未嘗至於偃之室也."
행불유경　비공사　미상지어언지실야

자유(子游)가 무성(武城)의 읍재(邑宰)가 되었다. 공자께서 자유를 만났을 때 물으셨다.

"너는 사람을 얻었느냐?"

자유가 대답하였다.

"담대멸명(澹臺滅明)이라는 인물이 있습니다. 그는 길을 다닐 적에 골목 지름길로 가는 법이 없습니다. 여태까지 공적인 일이 아니면 한 번도 제 방에 온 적이 없나이다."

옹야제육(雍也第六)

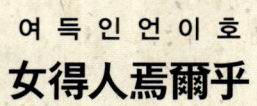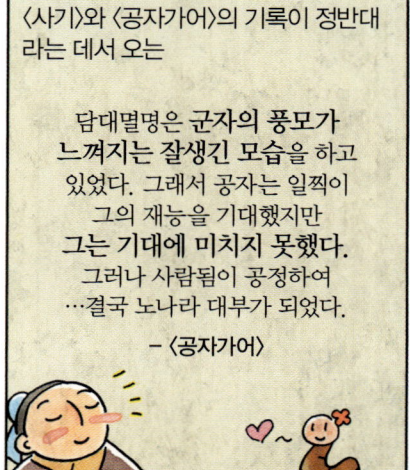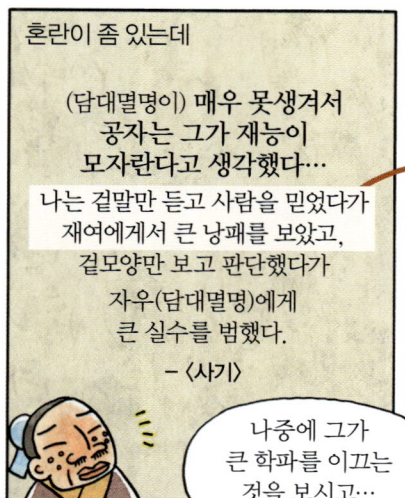

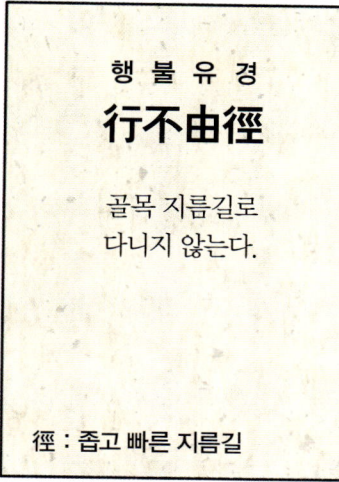

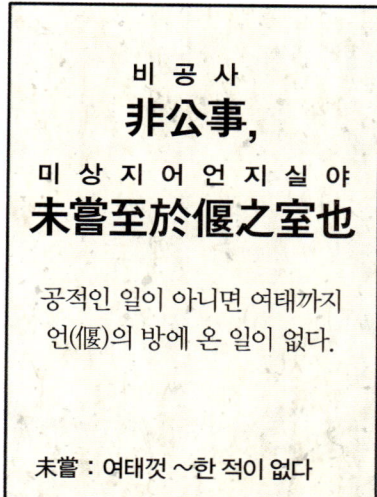

6-13 子曰: "孟之反不伐, 奔而殿, 將入門, 策其馬,
자왈　맹지반불벌　분이전　장입문　책기마

曰: '非敢後也, 馬不進也.'"
왈　비감후야　마부진야

공자께서 말씀하셨다. "맹지반(孟之反)은 공을 자랑하지 않는구나! 노나라의 군대가 퇴각할 때에 후미를 맡아 싸웠다. 노나라의 북성 문을 최후로 들어갈 때 말 궁둥이를 채찍질하면서 말했다: '내가 용감해서 후방을 맡은 것은 아니다. 말이 시원찮아 뒤처졌을 뿐이다.'"

맹지반은 공자와 같은 시대의 사람으로, 노나라의 대부였다고 합니다.

이름은 맹측(孟側)인데
맹손 가문
자(字): 지반(之反) ➡ 맹지반
맹자반(孟子反)으로도 씁니다.

맹지반불벌
孟之反不伐
맹지반은 공을 자랑하지 않는다.

분이전
奔而殿
군대가 퇴각할 때 후미를 맡았다.

伐: 공로를 자랑하다
奔: 패하여 퇴각하다
殿: 군대의 후미

이 전투의 상황은 〈춘추좌씨전〉에 나와 있는데,

애공(哀公) 11년 봄, BC 484년. 공자 68세

제나라와 노나라 사이에 격렬한 전투가 있었죠.

염구: 좌군장
맹유자: 우군장 (맹의자의 어린 아들)
번지: 우군 병사

노나라 우군이 퇴각하면서 전투에는 졌지만,

퇴각하라!

맹유자

> **6-14** 子曰:"不有祝鮀之佞, 而有宋朝之美, 難乎免於今之世矣."
> 자왈 불유축타지녕 이유송조지미 난호면어금지세의
>
> 공자께서 말씀하셨다.
>
> "축타의 말재주와 송조의 미모가 없으면 요즈음 세상에선 환난을 면키 어렵다."

공자가 도(道)가 행해지지 않는 어지러운 세상을 한탄한 이야기입니다.

감정을 숨기지 않는 이런 식의 푸념이야말로, 공자를 공자답게 만드는 위대한 메시지가 아닐까요?

세상 참, 더럽고 아니꼬워서 두고 못 보겠네.

불유축타지녕
不有祝鮀之佞

축타의 말재주를 가지고 있지 않다.

佞 : 말재주, 아첨하다

축타는 위(衛)나라의 대부로, 존경받는 인물이었습니다.

자(字) : 자어(子魚)

위나라의 **대축(大祝)**

종묘와 사직의 대제를 맡은 높은 직위

<좌전>에 축타에 관한 기사가 나옵니다.

노정공(定公) 4년, 3월

유(劉)나라 문공(文公)이 중원의 모든 제후들을 집합시켜 초(楚)나라 정벌을 상의하려고 대회맹을 하는데⋯ 위령공은 축타를 데리고 갔다.

그런데 맹약을 맺을 순서가 채나라가 먼저임을 알게 된 축타.

채나라 군주의 선조인 **채숙**이 위나라 군주의 선조인 **강숙**의 형님이셨으니까 당연하지 않소!

뭣!

형님 먼저!

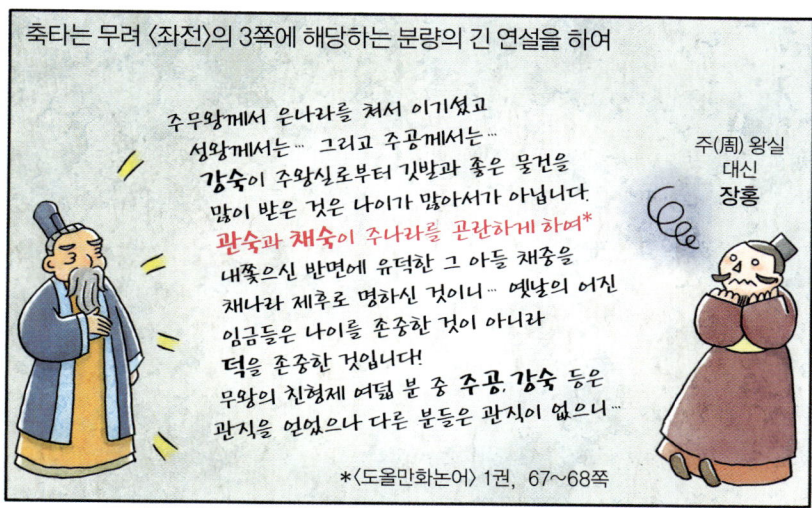

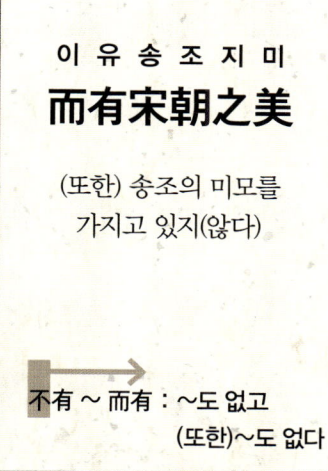

6-15 子曰: "誰能出不由戶? 何莫由斯道也!"
자왈　　수능출불유호　　하막유사도야

공자께서 말씀하셨다.

"누구인들 밖을 나갈 때에 문을 거치지 않을 수 있으리오? 그런데 어찌하여 이(斯) 도(道)를 거치지 아니하려는가!"

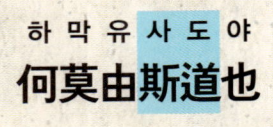

6-16 子曰:"質勝文則野, 文勝質則史. 文質彬彬然後君子."
자왈 질승문즉야 문승질즉사 문질빈빈연후군자

공자께서 말씀하셨다.

"질(質)이 문(文)을 이기면 야(野)하고,
문이 질을 이기면 사(史)하다.
문과 질이 골고루 배합된 연후에나
군자라 일컬을 수 있는 것이다."

옹야제육(雍也第六)

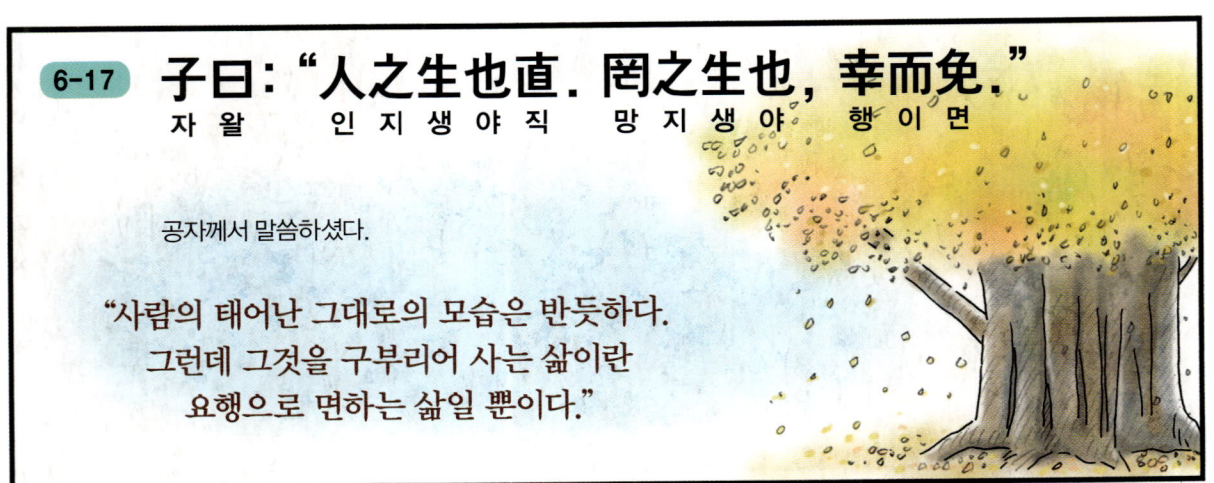

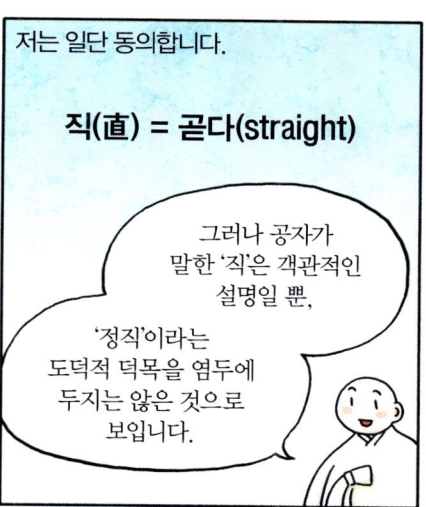
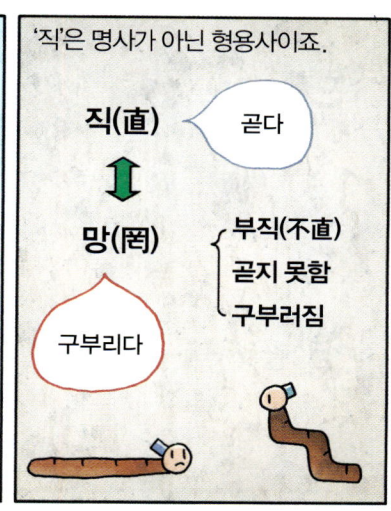
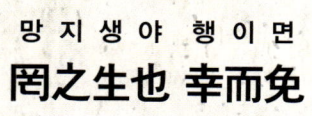

6-18 子曰: "知之者, 不如好之者; 好之者, 不如樂之者."
자왈　　지지자　　불여호지자　　호지자　　불여락지자

공자께서 말씀하셨다.

"배움의 길에 있어서 무엇을 안다고 하는 것은
그 무엇을 좋아하는 것만 같지 못하고,
무엇을 좋아한다는 것은 무엇을 즐기는 것만 같지 못하다."

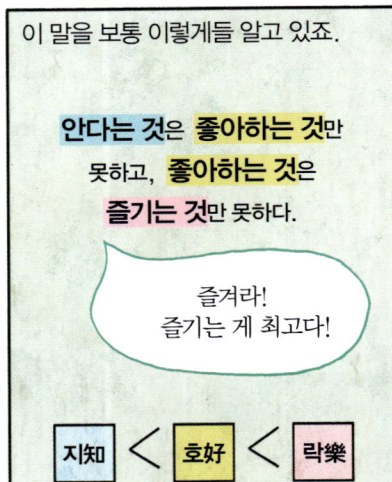

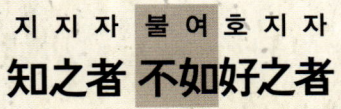

知之者 不如好之者

아는 것은 좋아하는 것만
같지 못하다.

不如 : ~ 같지 못하다

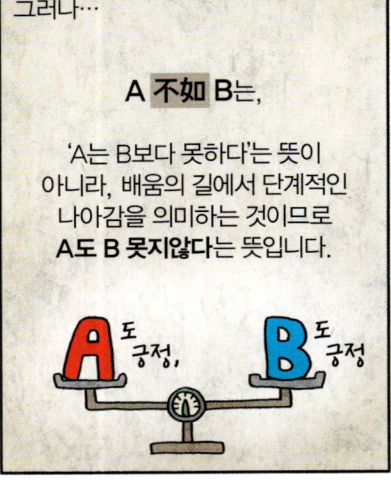

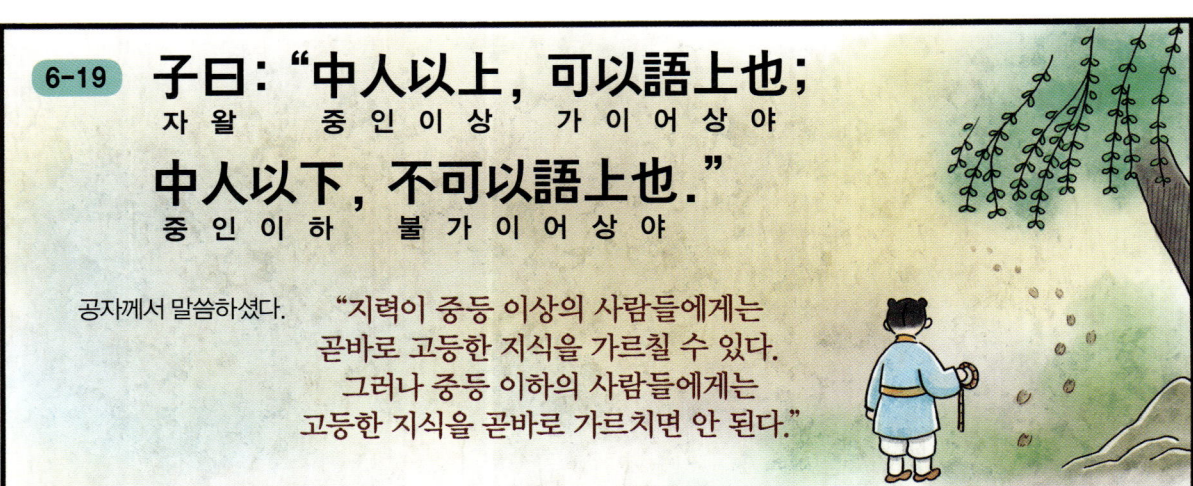

6-19 子曰: "中人以上, 可以語上也;
자왈 중인이상 가이어상야

中人以下, 不可以語上也."
중인이하 불가이어상야

공자께서 말씀하셨다. "지력이 중등 이상의 사람들에게는 곧바로 고등한 지식을 가르칠 수 있다. 그러나 중등 이하의 사람들에게는 고등한 지식을 곧바로 가르치면 안 된다."

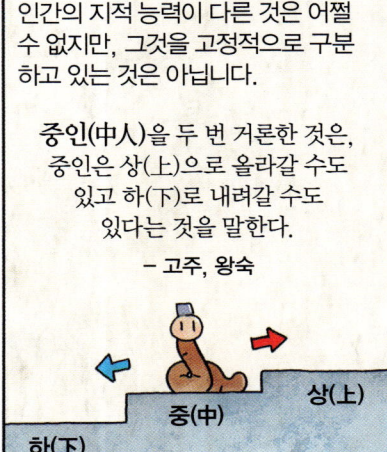

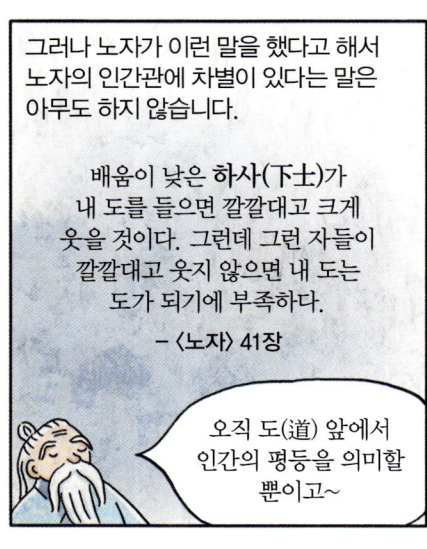

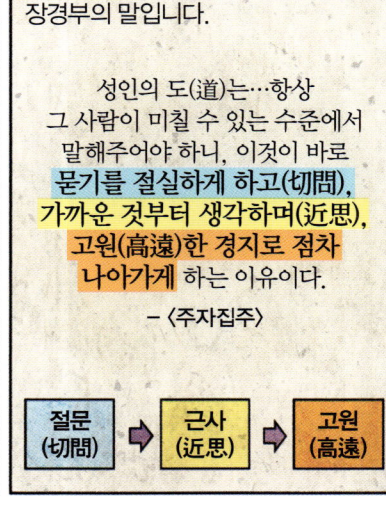

6-20 樊遲問知. 子曰: "務民之義, 敬鬼神而遠之, 可謂知矣."
번지문지　자왈　　무민지의　　경귀신이원지　　가위지의

번지가 앎(知)에 관하여 여쭈었다.
공자께서 이에 말씀하셨다.

"백성의 마땅한 바를 힘쓰고,
귀신을 공경하되 멀리하면,
안다고 말할 수 있다."

問仁. 曰: "仁者先難而後獲, 可謂仁矣."
문인　왈　　인자선난이후획　　가위인의

번지가 또 인(仁)에 관하여 여쭈었다.
공자께서 이에 말씀하셨다.

"인한 사람은 항상 어려운 큰일을 먼저 도모하고,
자신을 위하여 얻는 일은 뒤로 한다.
그리하면 가히 인하다 말할 수 있다."

번지에 관해서는 [위정]편에서 충분히 설명했습니다.
― [위정] 5

번지는 공자 말년의 제자로, 수레몰이를 하면서 공자 곁을 지켰는데

수행비서, 경호원 겸 운전기사

공자보다 46세 연하

거창한 질문을 곧바로 쉽게 던지는 특징이 있다고 했죠.

쌤! 앎이 뭡니까? 인은 또 뭐고요?

화장실 좀 편하게 가자…

예?

졸졸

옹야제육(雍也第六)

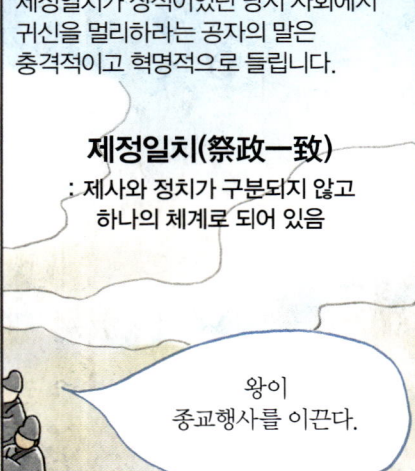
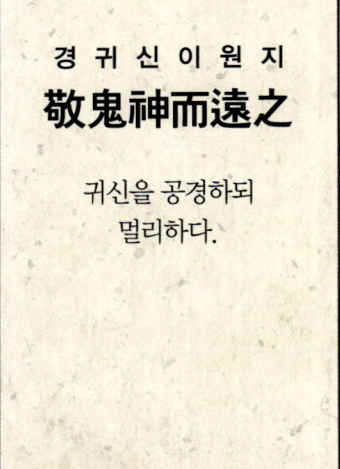

운한(雲漢) : 은하수

장엄하고 높게 떠 있는 하늘의 시내
밝은 빛 따라 하늘을 휘감도다
왕이 말씀하시기를 아~아~
지금 이 사람에게 무슨 죄가 있나이까?
하늘이 죽음과 어지러움만 내리시고
기근만 거듭거듭 이어지니
좋은 희생 아낌없이 바쳤건만
훌륭한 옥의 규와 벽을 다 올렸거늘
어찌하여 내 말을 듣지 아니하시는고!

가뭄이 너무너무 심하여
열기가 푹푹 쌓여 아지랑이만 가득
연기 피우는 인제사를 그치지 아니하며
교제로부터 종묘제사에 이르기까지
하늘 땅 제신께 공문을 올리고 땅에 묻고
신이라는 신은 높이지 아니함이 없건만
우리의 시조 후직도 당해내지 못하는구나
**최고 신 상제(上帝)는 임하지 아니하고
이 땅만 팽개쳐지고 낭패 보고 마는구나**
어찌하여 선량한 이내 몸에 이 처사가 웬 말이냐!

– 〈시경〉 [대아]

하느님이 도무지 소용없는 존재라는 절망감, 하느님의 불공평과 무능력에 대한 실망감, 인간이 아무리 성의를 다해도 무심한 하느님에 대한 원망이 곳곳에 나타나 있습니다.

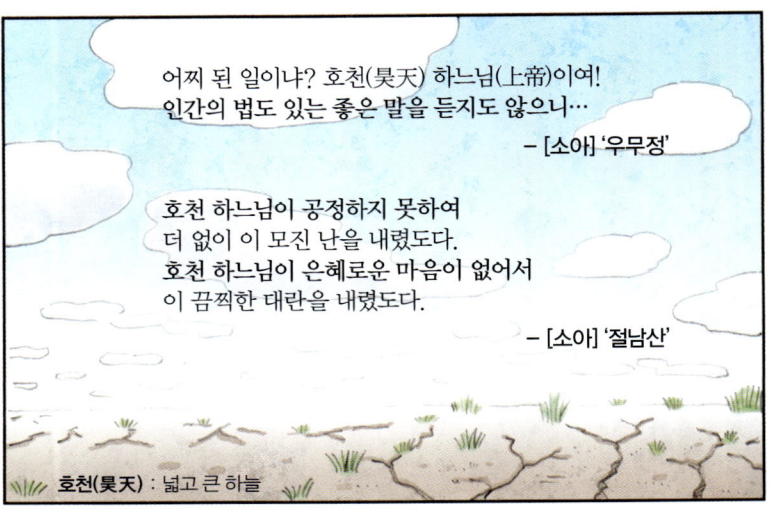

어찌 된 일이냐? 호천(昊天) 하느님(上帝)이여!
인간의 법도 있는 좋은 말을 듣지도 않으니…

– [소아] '우무정'

호천 하느님이 공정하지 못하여
더 없이 이 모진 난을 내렸도다.
호천 하느님이 은혜로운 마음이 없어서
이 끔찍한 대란을 내렸도다.

– [소아] '절남산'

호천(昊天) : 넓고 큰 하늘

또한, 〈서경〉에도 이미 인본주의적 생각이 바탕에 깔려 있는데, 하느님에 대한 두려움보다는 인간의 노력에 나라를 다스림의 성패가 달려 있다고 보고 있죠.

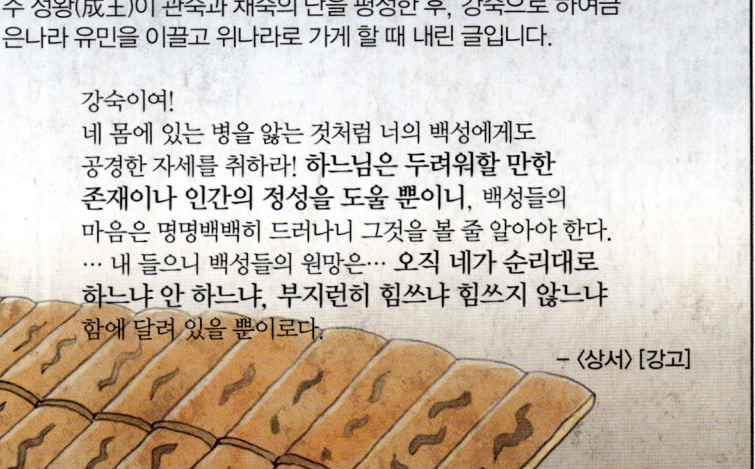

주 성왕(成王)이 관숙과 채숙의 난을 평정한 후, 강숙으로 하여금 은나라 유민을 이끌고 위나라로 가게 할 때 내린 글입니다.

강숙이여!
네 몸에 있는 병을 앓는 것처럼 너의 백성에게도 공경한 자세를 취하라! **하느님은 두려워할 만한 존재이나 인간의 정성을 도울 뿐이니,** 백성들의 마음은 명명백백히 드러나니 그것을 볼 줄 알아야 한다.
… 내 들으니 백성들의 원망은… 오직 네가 순리대로 **하느냐 안 하느냐, 부지런히 힘쓰냐 힘쓰지 않느냐** 함에 달려 있을 뿐이로다.

– 〈상서〉 [강고]

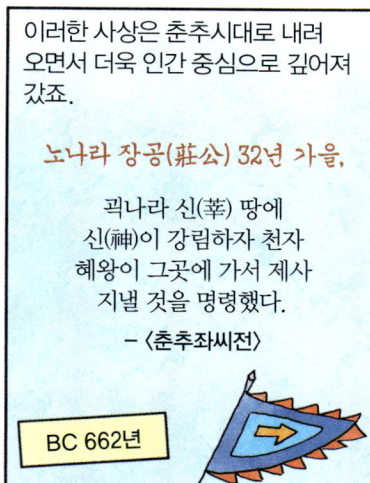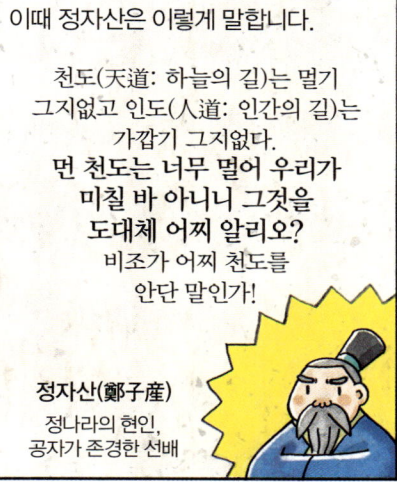

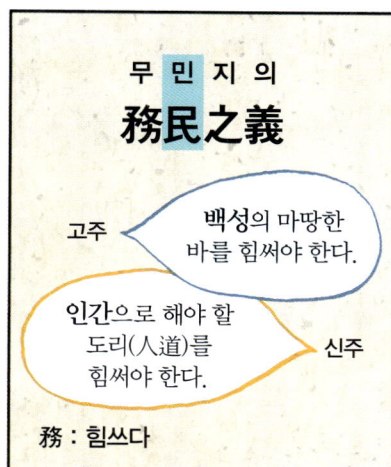

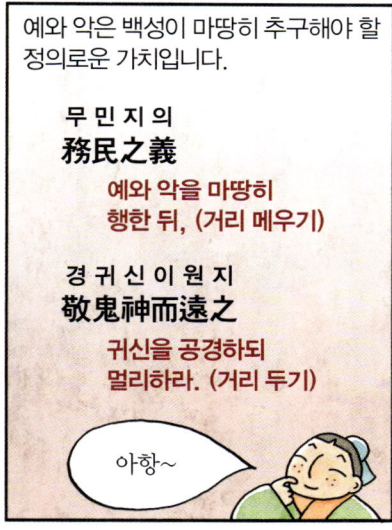

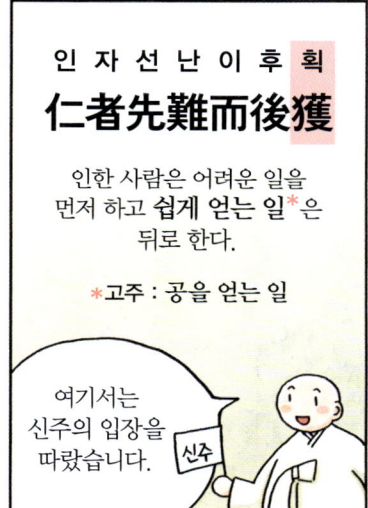

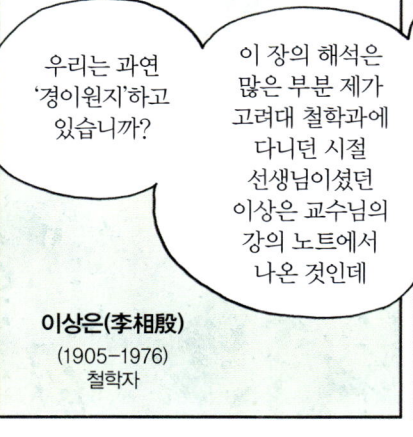

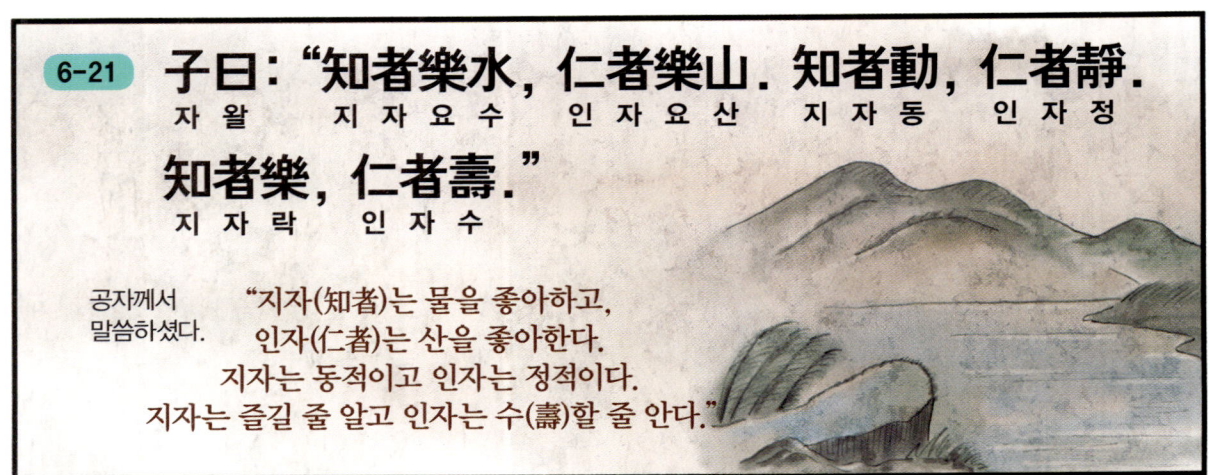

6-21 子曰:"知者樂水, 仁者樂山. 知者動, 仁者靜.
자왈 지자요수 인자요산 지자동 인자정

知者樂, 仁者壽."
지자락 인자수

공자께서 말씀하셨다. "지자(知者)는 물을 좋아하고, 인자(仁者)는 산을 좋아한다. 지자는 동적이고 인자는 정적이다. 지자는 즐길 줄 알고 인자는 수(壽)할 줄 안다."

〈강상인물도〉(부분), 겸재 정선

이 장은 전체 언어의 흐름이 아주 재즈적입니다.

명료한 설명은 하지 않으면서 다양하게 변주가 가능한 코드만을 보여주고 있죠.

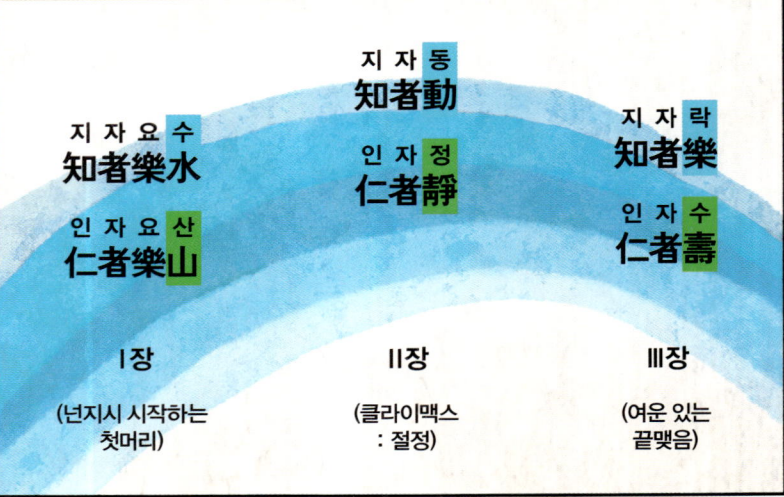

지자요수 知者樂水
인자요산 仁者樂山
I장 (넌지시 시작하는 첫머리)

지자동 知者動
인자정 仁者靜
II장 (클라이맥스 : 절정)

지자락 知者樂
인자수 仁者壽
III장 (여운 있는 끝맺음)

여기서 우선 알 수 있는 것은, 당시에는 지(知)와 인(仁)이 거의 대등하게 비교되어 쓰였다는 것입니다.

지자(知者)   인자(仁者)

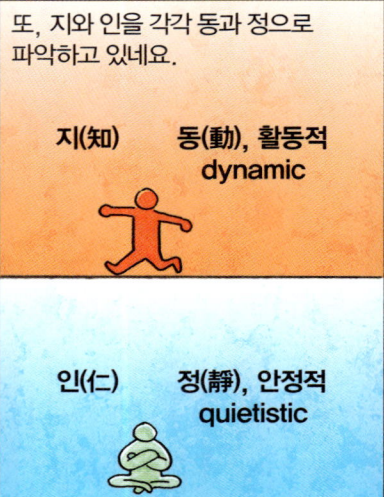

또, 지와 인을 각각 동과 정으로 파악하고 있네요.

지(知)   동(動), 활동적
         dynamic

인(仁)   정(靜), 안정적
         quietistic

지자(知者)는 물을 좋아하고

지자요수 知者樂水

'좋아한다'의 뜻일 때 '요'로 읽음

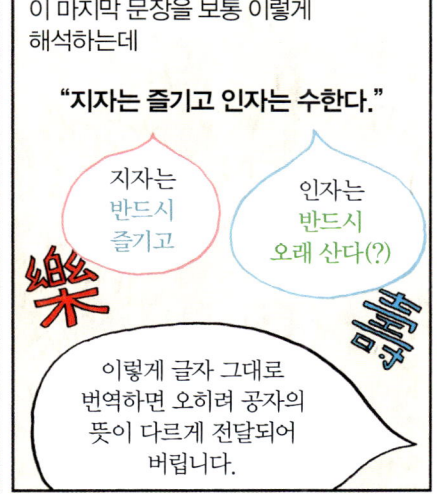

6-22

子曰: "齊一變, 至於魯.
자왈　　제일변　　지어노

魯一變, 至於道."
노일변　　지어도

공자께서 말씀하셨다.

"제나라가 한번 변하면 노나라에 이를 것이요,
노나라가 제대로 한번 변하기만 한다면
이상국가에 이를 텐데."

주자의 〈집주〉가 이 장에 대해 잘 설명하고 있으니, 한번 보시죠.

부자(夫子)의 당대에는 제나라는 강대국이었고, 노나라는 약소국이었다. 누구인들 **제나라가 노나라보다 더 좋은 나라**라고 생각하지 않겠는가?

그러나 노나라는 아직도 **주공(周公)의 법제(法制)를** 보존하고 있는 데 반해 제나라는 환공(桓公)의 패도 시기를 거치면서 **간략함(효율성)만을** 따르고 공리(功利)만을 숭상하는 정치체제로 변해버렸다.

그러니까 강태공의 건국 이념은 다 변질되고 없어져버린 것이다. 그러므로 (제나라가) 한번 변하면 **능히 노나라에 이를 수 있다고** 말씀하신 것이다.

노나라로 말하자면 노쇠하고 추락한 측면만 잘 수정하여 일으키면 되니까, 한번 변하면 '선왕지도'에 이를 수 있다고 말씀하신 것이다.
– 정이천

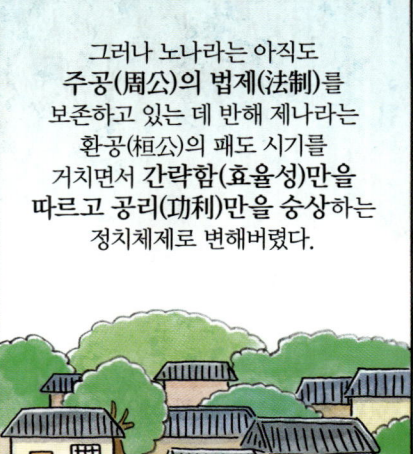

주공의 후손인 노나라와 강태공의 후손인 제나라는 서로 국경을 맞대고 있었죠.

제齊
강대국,
패도의 나라

노魯
약소국

힘의
정치

예·악의
정치

옹야제육(雍也第六)

6-24 宰我問曰: "仁者, 雖告之曰: '井有仁焉.' 其從之也?"
재 아 문 왈   인 자   수 고 지 왈   정 유 인 언   기 종 지 야

재아가 공자께 여쭈었다.

"인(仁)한 사람이라면, 누군가
'여기 우물에 사람이 빠졌습니다'라고 외치는 소리를 들으면,
곧바로 우물 속으로 들어가야 하지 않을까요?"

子曰: "何爲其然也? 君子可逝也, 不可陷也. 可欺也, 不可罔也."
자 왈   하 위 기 연 야   군 자 가 서 야   불 가 함 야   가 기 야   불 가 망 야

공자께서 말씀하셨다.

"어찌 앞뒤 안 가리고 그런 짓을 하겠는가?
군자라면 당연히 우물가에 가서 상황을 살펴보기는
해야 하지만, 같이 우물에 빠질 수는 없는 것이다.
사람을 그럴듯한 말로 속일 수는 있겠으나,
근본적으로 판단력을 흐리게 할 수는 없는 것이다."

재아는 공자와 별로 사이가 아름답지 못한 관계였던 제자입니다.

그럼에도 불구하고 재아는 공자의 유랑 시기를 함께한 인물이고,

우리는 재아 덕분에 공자의 인품을 깊숙이 알 수 있게 되었죠.

재여, 재아

3년상이 길다고 불평하고

삐딱하게

수업 시간에 낮잠이나 자는 녀석!

여기서 재아가 던진 질문은 대답하기 곤란한 질문일 수 있는데, 공자는 명확하게 대답합니다.

인(仁)한 사람이라면 당연히 이 정도는 해야겠죠?

군자도 앞뒤는 가린다!

이 녀석아…

옹야제육(雍也第六) 211

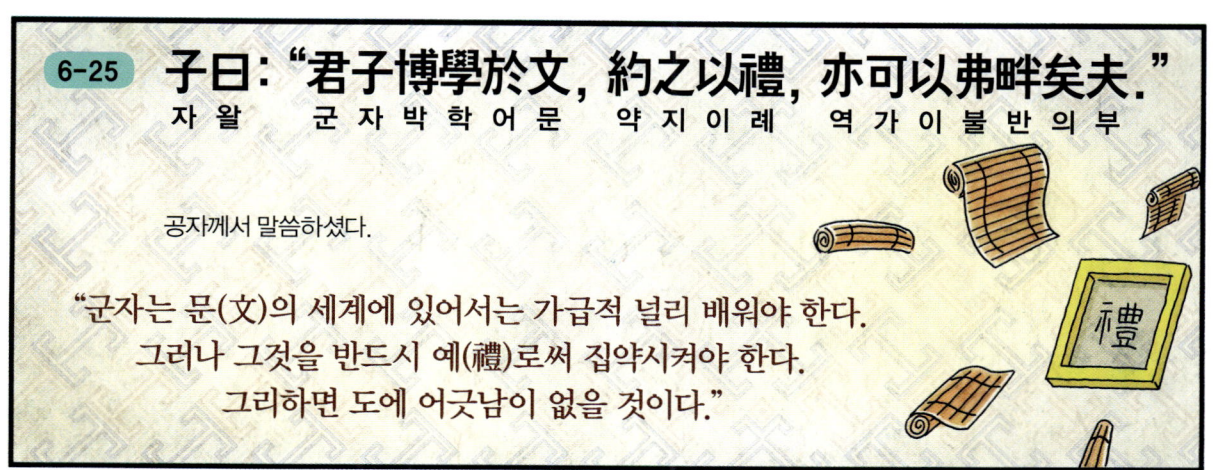

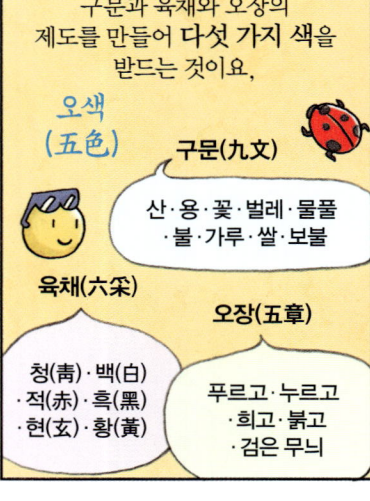

옹야제육(雍也第六)

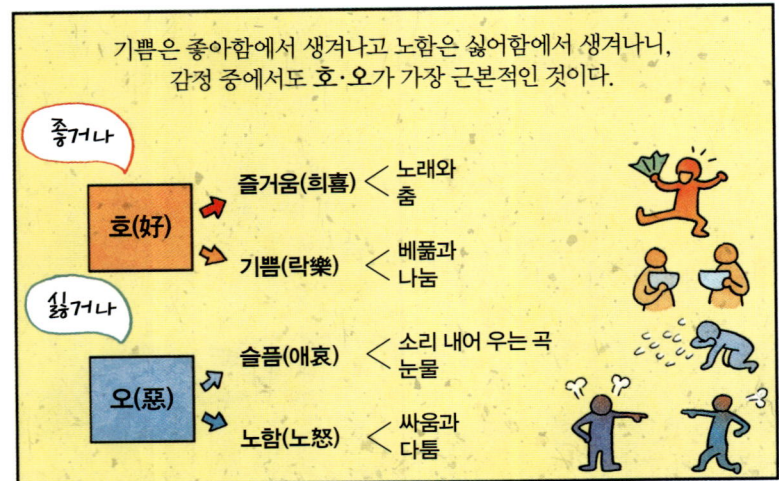

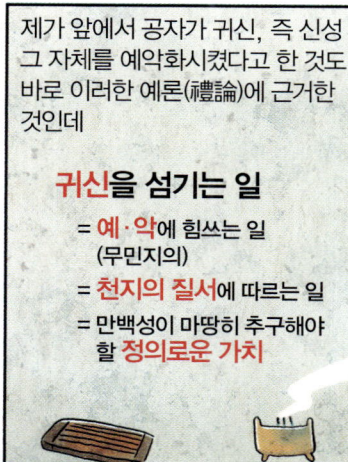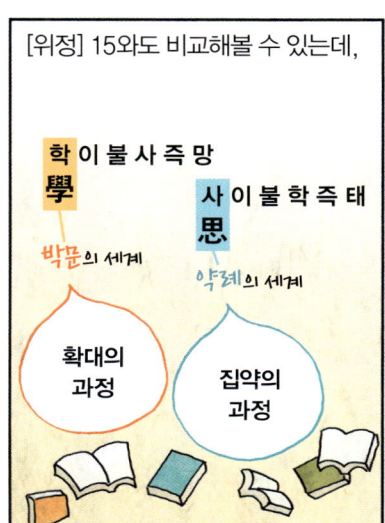

6-26 子見南子, 子路不說. 夫子矢之曰: "予所否者,
자견남자 자로불열 부자시지왈 여소부자

天厭之! 天厭之!"
천염지 천염지

공자께서 남자(南子)를 만나셨다.
자로가 되게 기분 나빠했다. 공자께서 이에 맹세하여 말씀하셨다.

"내가 만약 불미스러운 짓을 저질렀다면,
하늘이 날 버리시리라! 하늘이 날 버리시리라!"

공자께서 남자(南子)를 만나자, 자로가 기분 나빠했다고 합니다.

남자(南子)가 누구입니까?

위령공의 부인!
화려하고 아름다운 송(宋)나라 여인
송조와의 불륜 스캔들로 위나라를 뒤흔든 암돼지 송(song)의 주인공!

그 유명한 소문의 주인공과 당대 최고의 지식인, 예악의 달인, 공자가 만났다?

공자 56세 전후 위나라를 두 번째 방문했을 즈음의 일

어흠··
흠··

많은 사람들이 이 장을 〈논어〉에서 빼버리고 싶어했는데,

이 장의 전체 내용이 의심스럽다. (엉터리 이야기다!)

고주 古注

도대체 왜 이런 이야기가 〈논어〉에 들어갔을까요?

뭐, 있었던 일이니까 …

그냥 한번 만났을 뿐이잖아?

쏘쿨~~

〈논어〉 편집자

이것이 바로 〈논어〉 편집자들의 위대함이죠.

당시에는 공자를 '성인'으로 보았어도, 옛 성인에 대한

윤리적·인간적 문제에는 매우 너그러운 태도가 있었고, 그 덕분에 우리는 공자의 이런 일화도 알게 된 거죠.

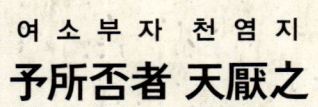

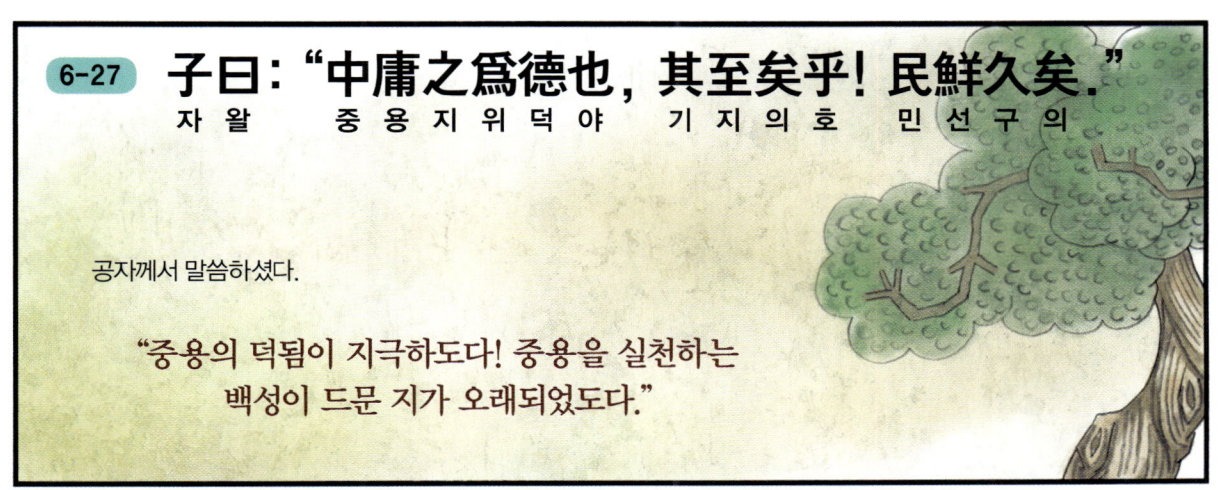

6-27 子曰：“中庸之爲德也, 其至矣乎! 民鮮久矣.”
자왈 　중용지위덕야　 기지의호　 민선구의

공자께서 말씀하셨다.

"중용의 덕됨이 지극하도다! 중용을 실천하는 백성이 드문 지가 오래되었도다."

[독서여가](부분), 겸재 정선

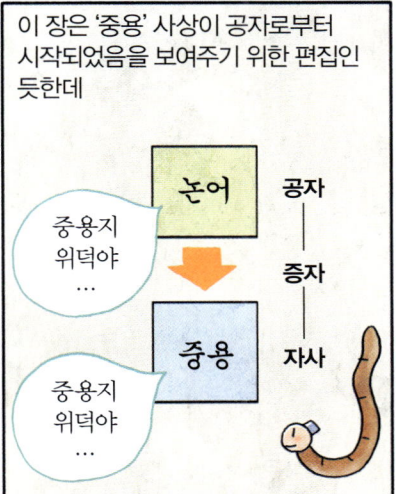

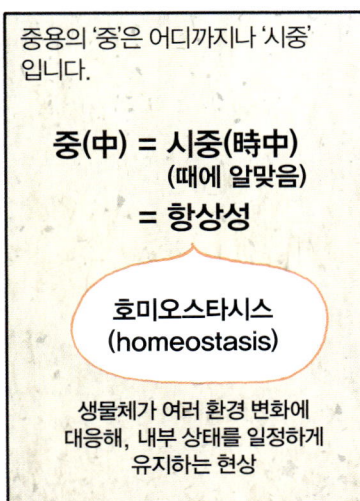

옹야제육(雍也第六)

6-28 子貢曰: "如有博施於民而能濟衆, 何如? 可謂仁乎?"
자공왈　여유박시어민이능제중　하여　가위인호

자공이 여쭈었다.

"백성들에게 널리 베풀어서 많은 사람들의 삶을 유족하게
만드는 사람이 있다고 한다면 어떻겠습니까?
그 사람을 인하다고 말할 수 있겠습니까?"

子曰: "何事於仁! 必也聖乎! 堯舜其猶病諸!
자왈　　하사어인　필야성호　요순기유병저

공자께서 말씀하셨다.

"어찌 인한 정도이겠는가? 그 사람이야 말로
반드시 성인이라 부를 만하다. 요·순도 이를
오히려 어렵게 여겼을 것이어늘!

夫仁者, 己欲立而立人, 己欲達而達人.
부인자　기욕립이립인　기욕달이달인

能近取譬, 可謂仁之方也已."
능근취비　가위인지방야이

대저 인한 자는 자기가 서고자 하면 남도 서게 하며,
자기가 달성하고자 하면 남도 달성하게 해준다.
능히 가까운 데서 자기 몸으로 깨달을 수 있는 것을 취할 줄 알면,
그것은 인을 실천하는 방법이라 일컬을 만하다."

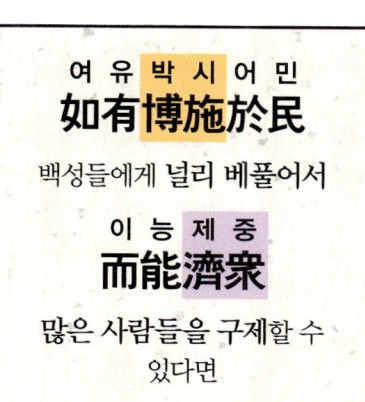

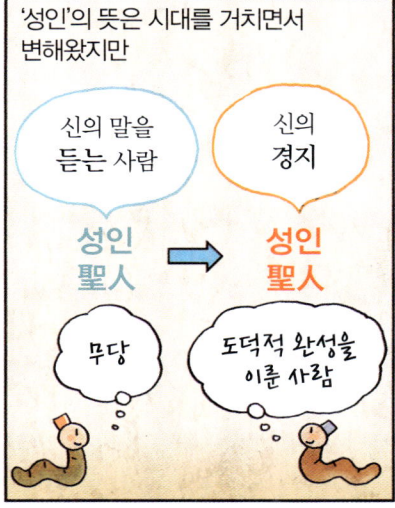

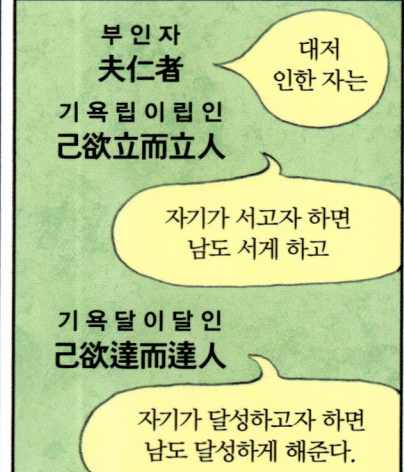
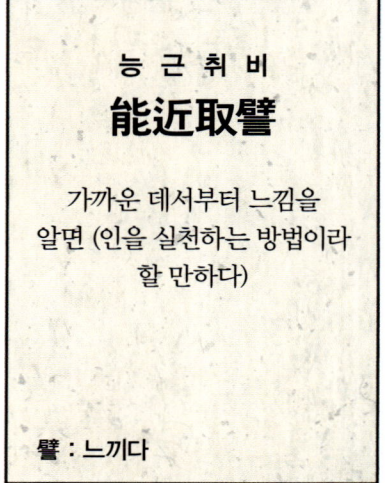

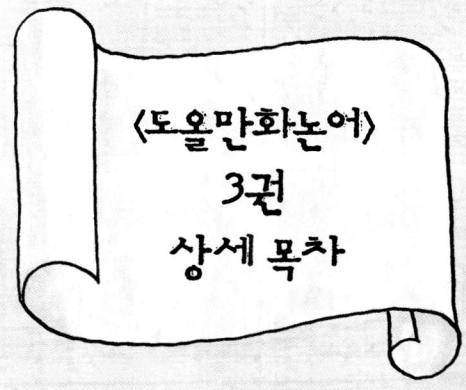

이인제사(里仁第四)

4-1	子曰: "里仁爲美。擇不處仁, 焉得知?" · 8
	자왈　이인위미 택불처인　언득지

4-2	子曰: "不仁者不可以久處約, · 11
	자왈　불인자불가이구처약

4-3	子曰: "惟仁者能好人, 能惡人。" · 14
	자왈　유인자능호인　능오인

4-4	子曰: "苟志於仁矣, 無惡也。" · 15
	자왈　구지어인의　무오야

4-5	子曰: "富與貴, 是人之所欲也; · 16
	자왈　부여귀　시인지소욕야

4-6	子曰: "我未見好仁者, 惡不仁者。· 21
	자왈　아미견호인자　오불인자

4-7	子曰: "人之過也, 各於其黨。· 24
	자왈　인지과야　각어기당

4-8	子曰: "朝聞道, 夕死可矣。" · 26
	자왈　조문도　석사가의

4-9	子曰: "士志於道, 而恥惡衣惡食者, 未足與議也。" · 29
	자왈　사지어도　이치악의악식자　미족여의야

4-10	子曰: "君子之於天下也, 無適也, 無莫也, · 30
	자왈　군자지어천하야　무적야　무막야

4-11	子曰: "君子懷德, 小人懷土; · 32
	자왈　군자회덕　소인회토

4-12	子曰: "放於利而行, 多怨。" · 34
	자왈　방어리이행　다원

4-13	子曰: "能以禮讓爲國乎? 何有? · 35
	자왈　능이례양위국호　하유

4-14	子曰: "不患無位, 患所以立。· 38
	자왈　불환무위　환소이립

4-15	子曰: "參乎! 吾道一以貫之。" · 39
	자왈　삼호　오도일이관지

4-16	子曰: "君子喩於義, 小人喩於利。" · 46
	자왈　군자유어의　소인유어리

4-17	子曰: "見賢思齊焉, · 48
	자왈　견현사제언

4-18	子曰:"事父母幾諫, · 49
	자왈 사부모기간

4-19	子曰:"父母在, 不遠遊, 遊必有方。"· 51
	자왈 부모재 불원유 유필유방

4-20	子曰:"三年無改於父之道, 可謂孝矣。"· 52
	자왈 삼년무개어부지도 가위효의

4-21	子曰:"父母之年, 不可不知也。一則以喜, 一則以懼。"· 53
	자왈 부모지년 불가부지야 일즉이희 일즉이구

4-22	子曰:"古者言之不出, 恥躬之不逮也。"· 54
	자왈 고자언지불출 치궁지불체야

4-23	子曰:"以約失之者, 鮮矣。"· 55
	자왈 이약실지자 선의

4-24	子曰:"君子欲訥於言, 而敏於行。"· 57
	자왈 군자욕눌어언 이민어행

4-25	子曰:"德不孤, 必有隣。"· 58
	자왈 덕불고 필유린

4-26	子游曰:"事君數, 斯辱矣; 朋友數, 斯疏矣。"· 60
	자유왈 사군삭 사욕의 붕우삭 사소의

공야장제오(公冶長第五)

5-1A	子謂公冶長, "可妻也。· 64
	자위공야장 가처야

5-1B	子謂南容, "邦有道, 不廢; · 67
	자위남용 방유도 불폐

5-2	子謂子賤, "君子哉若人! · 70
	자위자천 군자재약인

5-3	子貢問曰:"賜也何如?"· 72
	자공문왈 사야하여

5-4	或曰:"雍也仁而不佞。"· 75
	혹왈 옹야인이불녕

5-5	子使漆彫開仕。· 78
	자사칠조개사

5-6	子曰：“道不行, 乘桴浮于海。從我者, 其由與？”· 81	
	자왈　도불행　승부부우해　종아자　기유여	
5-7	孟武伯問：“子路仁乎？”· 85	
	맹무백문　자로인호	
5-8	子謂子貢曰：“女與回也孰愈？”· 89	
	자위자공왈　여여회야숙유	
5-9	宰予晝寢。· 92	
	재여주침	
5-10	子曰：“吾未見剛者。”· 96	
	자왈　오미견강자	

- 5-11　子貢曰：“我不欲人之加諸我也, 吾亦欲無加諸人。”· 100
　　　자공왈　아불욕인지가저아야　오역욕무가저인
- 5-12　子貢曰：“夫子之文章, 可得而聞也；· 102
　　　자공왈　부자지문장　가득이문야
- 5-13　子路有聞, 未之能行, 唯恐有聞。· 104
　　　자로유문　미지능행　유공유문
- 5-14　子貢問曰：“孔文子何以謂之‘文’也？”· 105
　　　자공문왈　공문자하이위지　문　야
- 5-15　子謂子産, “有君子之道四焉：· 108
　　　자위자산　유군자지도사언
- 5-16　子曰：“晏平仲善與人交, 久而敬之。”· 110
　　　자왈　안평중선여인교　구이경지
- 5-17　子曰：“臧文仲居蔡, 山節藻梲, 何如其知也？”· 115
　　　자왈　장문중거채　산절조절　하여기지야
- 5-18　子張問曰：“令尹子文三仕爲令尹, 無喜色；· 119
　　　자장문왈　영윤자문삼사위영윤　무희색
- 5-19　季文子三思而後行。子聞之, 曰：“再, 斯可矣。”· 125
　　　계문자삼사이후행　자문지　왈　재　사가의
- 5-20　子曰：“甯武子, 邦有道, 則知；· 127
　　　자왈　영무자　방유도　즉지
- 5-21　子在陳, 曰：“歸與! 歸與! · 130
　　　자재진　왈　귀여　귀여
- 5-22　子曰：“伯夷、叔齊不念舊惡, 怨是用希？”· 133
　　　자왈　백이　숙제불념구악　원시용희
- 5-23　子曰：“孰謂微生高直？· 137
　　　자왈　숙위미생고직

| 5-24 | 子曰:"巧言·令色·足恭, 左丘明恥之, 丘亦恥之。" · 138 |
자왈　교언　영색　주공　좌구명치지　구역치지

| 5-25 | 顔淵季路侍。子曰:"盍各言爾志?" · 141 |
안연계로시　자왈　합각언이지

| 5-26 | 子曰:"已矣乎, 吾未見能見其過而內自訟者也。" · 145 |
자왈　이의호　오미견능견기과이내자송자야

| 5-27 | 子曰:"十室之邑, 必有忠信如丘者焉, 不如丘之好學也。" · 146 |
자왈　십실지읍　필유충신여구자언　불여구지호학야

옹야제육(雍也第六)

| 6-1 | 子曰:"雍也, 可使南面。" · 150 |
자왈　옹야　가사남면

| 6-2 | 哀公問:"弟子孰爲好學?" · 155 |
애공문　제자숙위호학

| 6-3A | 子華使於齊, · 160 |
자화사어제

| 6-3B | 原思爲之宰, · 164 |
원사위지재

| 6-4 | 子謂仲弓曰:"犂牛之子, 騂且角, · 166 |
자위중궁왈　리우지자　성차각

| 6-5 | 子曰:"回也, 其心三月不違仁, · 168 |
자왈　회야　기심삼월불위인

| 6-6 | 季康子問:"仲由可使從政也與?" · 169 |
계강자문　중유가사종정야여

| 6-7 | 季氏使閔子騫爲費宰。· 171 |
계씨사민자건위비재

| 6-8 | 伯牛有疾, 子問之。· 176 |
백우유질　자문지

| 6-9 | 子曰:"賢哉! 回也。一簞食, 一瓢飮, 在陋巷。· 179 |
자왈　현재　회야　일단사　일표음　재누항

| 6-10 | 冉求曰:"非不說子之道, 力不足也。" · 180 |
염구왈　비불열자지도　역부족야

6-11	子謂子夏曰：“女爲君子儒，無爲小人儒！”・182
	자위자하왈　여위군자유　무위소인유

6-12	子游爲武城宰。・183
	자유위무성재

6-13	子曰：“孟之反不伐，・186
	자왈　맹지반불벌

6-14	子曰：“不有祝鮀之佞，而有宋朝之美，・188
	자왈　불유축타지녕 이유송조지미

6-15	子曰：“誰能出不由戶？何莫由斯道也！”・191
	자왈　수능출불유호　하막유사도야

6-16	子曰：“質勝文則野，文勝質則史。・193
	자왈　질승문즉야　문승질즉사

6-17	子曰：“人之生也直。罔之生也，幸而免。”・194
	자왈　인지생야직　망지생야　행이면

6-18	子曰：“知之者，不如好之者；・196
	자왈　지지자　불여호지자

6-19	子曰：“中人以上，可以語上也；・198
	자왈　중인이상　가이어상야

6-20	樊遲問知。・199
	번지문지

6-21	子曰：“知者樂水，仁者樂山。・206
	자왈　지자요수　인자요산

6-22	子曰：“齊一變，至於魯。魯一變，至於道。”・208
	자왈　제일변　지어노　노일변　지어도

6-23	子曰：“觚不觚，觚哉！觚哉！”・210
	자왈　고불고　고재　고재

6-24	宰我問曰：“仁者，雖告之曰：‘井有仁焉。’其從之也？”・211
	재아문왈　인자　수고지왈　정유인언　기종지야

6-25	子曰：“君子博學於文，約之以禮，・213
	자왈　군자박학어문　약지이례

6-26	子見南子，子路不說。・218
	자견남자　자로불열

6-27	子曰：“中庸之爲德也，其至矣乎！・221
	자왈　중용지위덕야　기지의호

6-28	子貢曰：“如有博施於民而能濟衆，何如？”・222
	자공왈　여유박시어민이능제중　하여

도올만화논어 3

2014년 5월 1일 초판발행
2016년 6월 15일 1판 2쇄

지은이 · 보현
펴낸이 · 남호섭
편집책임 · 김인혜
디자인 · 권진영
채색 · 안승희 박진숙
편집 · 제작 · 오성룡 임진권 신수기
펴낸곳 · 통나무

주소 · 서울 종로구 동숭동 199-27
전화 · (02) 744-7992
팩스 · (02) 762-8520
출판등록 · 1989.11.3. 제1-970호
값 · 12,900원

ⓒ Bo-Hyon, 2014

ISBN 978-89-8264-503-7
ISBN 978-89-8264-500-6 (전5권)